名师工程

教育细节系列

新课标·新理念·新教学

丛书编委会主任：马立 宋乃庆

名师

最具渲染力的

口才细节

高万祥 ◎主编

西南师范大学出版社
SOUTHWEST CHINA NORMAL UNIVERSITY PRESS

**图书在版编目（CIP）数据**

名师最具渲染力的口才细节/高万祥主编. —重庆：西南师范大学出版社，2009.7

（名师工程系列丛书）

ISBN 978-7-5621-4572-1

Ⅰ.名… Ⅱ.高… Ⅲ.教师—语言艺术 Ⅳ.G42

中国版本图书馆 CIP 数据核字（2009）第 117661 号


**名师工程系列丛书**

**编委会主任：**马　立　宋乃庆
**总策划：**周安平
**策　划：**李远毅　卢　旭　郑持军　郭德军

名师最具渲染力的口才细节
**主编**　高万祥

**责任编辑：**郑持军
**封面设计：**大象设计
**出版发行：**西南师范大学出版社
　　　　　　地址：重庆市北碚区天生路 1 号
　　　　　　邮编：400715　市场营销部电话：023-68868624
　　　　　　http://www.xscbs.com
**经　　销：**新华书店
**印　　刷：**九洲财鑫印刷有限公司
**开　　本：**787mm×1092mm　1/16
**印　　张：**16
**字　　数：**210 千字
**版　　次：**2009 年 9 月　第 1 版
**印　　次：**2009 年 9 月　第 1 次印刷
**书　　号：**ISBN 978-7-5621-4572-1

**定　　价：**30.00 元

# 编者的话

当前，以人为本的教育理念正在逐步深化，素质教育以及基础教育课程改革不断推进。在这场深刻又艰苦的教育改革中，涌现了无数甘为人梯、乐于奉献的优秀教师。他们积极探索、更新观念、敢于创新、善于改革，在实践中创造性地发展、总结了很多先进的教育思想、教育理念；创造性地开发了很多新的教学模式、教学内容和教学方法。这些新思想、新模式、新方法在实践中极大地提高了教学质量，是教育改革实践中的新内涵和宝贵财富。这些优秀教师就是我们的名师，这些新内涵就是名师的核心教育力。整理、总结、发展、推广这些教育新内涵，是深化教育改革、完善教育体制、提高教育质量、提升教师水平的一件大事。

教育，是民族振兴的基石；教师，是教育发展的根基。

胡锦涛总书记在全国优秀教师代表座谈会上指出："教师是人类文明的传承者。推动教育事业又好又快发展，培养高素质人才，教师是关键。没有高水平的教师队伍，就没有高质量的教育。"十七大报告又进一步强调了必须加强教师队伍建设，不断提高教师的素质。当今世界，社会进步一日千里，科技发展日新月异，知识更新的周期越来越短。教师作为"文明的传承者"更要与时俱进、刻苦钻研、奋发进取，尽快提升自身素质和能力，为推动教育事业的健康发展贡献自己的力量。

基于以上，西南师范大学出版社策划、组织出版了大型系列教育丛书——《名师工程》。希望通过总结名师的创新经验、先进理念，宣传名师的核心教育力，为广大教师职业生涯提供精神源泉和实践动力，在教育实践层面切实推动从教者职业素养的提升。通过《名师工程》，实现"打造名师的工程"。

丛书在策划、创作过程中力求实现以下特色：

## 一、理念创新，体现教育的人本精神

教师角色在以人为本的教育理念下发生了重大的变化，教师的素质和能力也面临更高的要求。如何弘扬、培植学生的主体性、增强学生的主体意识、发展学生的主体能力、塑造学生的主体人格等问题成为教师在目前教育中亟待解决的难题。丛书以教育管理者和教师为主要读者对象，通过教师综合素质的提高而将人本教育的思想落实到教育实践中，真正实现教育培养人、塑造人、发展人的本质要求。

### 二、全面构建，系统提升教师的教育能力

丛书选题的最大特点就是系统、全面地针对教师教育能力的提升而展开。施教者的能力决定教育的效果，教育改革的落实、教育效果的提高无不体现在教师身上。丛书针对不同教育能力、不同教学要求、不同教育对象，有针对性地设置选题。棘手学生、课堂切入、引导艺术、班主任的教导力、互动艺术、课堂效率、心灵教育等等，这些鲜明的主题从教育的细节出发，从教育实际情况出发，有针对性地解决问题，让教师在阅读中学有所指、读有所获。

### 三、科学权威，体现教育的时代前沿性

丛书邀请全国各地著名的教育工作者执笔，汇集在教育改革与实践中涌现的先进理念、成果和方法，经过专家认真遴选、评点总结而成，代表了目前教育实践中先进的教育生产力，具有时代前沿性，是广大一线教师学习、借鉴的好素材。

### 四、注重实践，突出施教的实用价值

丛书采用了通俗的创作方法，把死板的道理鲜活化，把教条的写法改变为以案例为主，分析、评点为辅，把最先进的教育理念和方法融入有趣的情境中。经典的案例，情境式的叙述，流畅的语言，充满感情的评述，发人深省的剖析，娓娓道来、深入浅出，让教师更充分地领会先进、有效的教育方法。

在诸多教育、出版界同仁的支持与努力下，《名师工程》陆续推出了《名师讲述系列》《教学提升系列》《教学新突破系列》《高中新课程系列》《教师成长系列》《大师讲坛系列》《教育细节系列》等系列，共 50 余个品种，后续图书也将陆续出版。

丛书在出版创作过程中得到各地、各级教育部门与教育工作者的大力支持与帮助，在此一并表示感谢！

教育事业是全社会共同的事业，本丛书的出版一方面希望能对广大教育工作者有所帮助，共缮先进成果；另一方面也是抛砖引玉，希望更多的教育工作者参与到出版创作中来，百家争鸣、百花齐放，为促进教育事业的发展共同努力！

# 教师，什么样的话最美丽（序）

高万祥

认真编校书稿，掩卷之际，觉得还有些话要说。

我一直以为，口才是教师的第一能力，谈吐是教师的第二外貌。现在的时代是个性张扬的时代，能说会道，能言善辩，有一定的人际沟通能力，应该是现代人文明素养的重要表现，也是现代教师职业和人格素养最重要的内容。

教学语言有哪些科学和艺术的规律及讲究，教师应该怎样说话，怎样才算"会说"？本书结合许多优秀教师的大量案例，提供了较为详尽的阐述和指导。这里，我还想请读者朋友和我一起思考：教师，什么样的话最美丽？

第一，讲台上，幽默风趣、形象生动的话最美丽。

幽默是出于人的智慧的一种逗笑。如果说，一个国家的文明和谐程度，跟这个国家国民的幽默程度成正比的话，那么，讲台上，教师语言的有效和教学目标的达成度，也和这个教师的幽默风趣密切相关。作为教师，我们不仅要向书本学习语言，还要向生活和群众学习语言，到街头去学习语言，从而使你的教学语言日益丰富生动起来。日本首相安倍晋三亲自向温家宝总理推销日产大米："日本大米加上中国的麻婆豆腐，吃多少都不会嫌饱。"浙江宁波市委书记在市委常委会上呼吁减轻群众负担时说："生不起，剖腹一刀五千几；读不起，选个学校三万几；住不起，一万多元一平方米。"你看，政治家多会说话！"一等男人怕老婆，二等男人爱老婆，三等男人打老婆。""有一种爱叫怕老婆。""爱情是享受，婚姻是忍受。""大姑娘找了个解放军，二姑娘找了个红卫兵，三姑娘找了个大学生，四姑娘找了个生意人。""为父母花钱不眨眼，为铁杆兄弟花钱不眨眼，为学习进修花钱不眨眼。""日剧点头哈腰，韩剧絮絮叨叨，港剧胡编乱造，大陆剧好的真好，糟的真糟。"你看，生活中群众的语言是多么鲜活生动和富有表现力啊！我教学生要学会自我调侃，制造快乐的良好心态。比如，当别人不说你好话时，你应该自我安慰："说你好就好，不好也好；说你不好就不好，好也不好；关键是说话的人好不好。"当别人讥讽你长得不好时，你可以如此回答："男人的长相和智慧成反比"，"浓缩的都是精华"，"我长得不如你漂亮，但是我活得比你漂亮"！我想，让学生学会幽默，教师带给学生的，就不仅仅是语言能力，更是一种终生受益的个性和人格。

口才和幽默对于教师这个职业特别重要，而且讲台的幽默语言应该是热情理性和智慧的。江苏张家港高级中学卞幼平老师讲述了一个他亲身经历的故事。

"有一年，学校决定让我中途接受一个普通班（其实就是班风、学风比较差劲的班）的班主任工作。我知道，这个班的学生是很难管的，他们中不想学习的多，爱恶作剧的多，原来的班主任给弄得管不住这帮孩子，任课老师都怕上这个班的课。

"这不，在第二天，当我踏进教室，学生就给我送来了别样的'见面礼'——在许多学生的哄笑声中，我发现，黑板上白粉笔简简单单画了一个人的头像，下面写着这样一行歪歪斜斜的粗体字：敬爱的卡先生永垂不朽！

"我先是一愣，随即便是怒发冲冠。正要发作之际，我立即劝诫自己，初来这个差班，一定要冷静，但凡顽皮学生——敢这样拿教师开心的学生，一定领教过教师过多的'凶狠'与'威势'，他们的心里早已筑起了坚固的'拒批'屏障。很快，我便这样自我解嘲地开场了：……说老实话，给我画像的这位同学还真有艺术天赋，你们看，他在美术上还有点才能，虽然画得不像，但能把男的画得像男的，这一点还不错。如果这位同学在文化学习上能像画画上有特长的话，我想日后他会有出息的，特别是在绘画上一定能取得成就。不过，这位同学把我的姓'卞'给误写成了'卡'了，要知道，百家姓里是没有'卡'姓的……我初来我们班，我决定我们的黑板报从今以后就请班上的宣传委员、学习委员和这位同学三个人出，大家看好不好？"

"好！"教室里喊成一片。

卞老师的机智和幽默，不仅使他"转危为安"，而且给今后的工作带来了良好的开端。你所说出来的任何话，都表示你是一个怎样的人，富于积极意义的讲台幽默的背后，是教师的爱心、机智和高尚人格。

第二，教学中，鞭策激励、给人自信的话最美丽。

当代著名作家郑渊洁曾就读于北京马甸小学。1963 年他读二年级，一天语文老师赵俐让大家写命题作文"我长大了干什么"。赵老师引导学生要有远大理想，比如当科学家等。当时，郑渊洁是淘粪工人时传祥的粉丝，他就写了《我长大当淘粪工人》。没想到赵老师在班上对他的作文大加赞赏，说文章有新意、有真情，是全班写得最好的，还将文章推荐到校刊上刊登了出来。郑渊洁说，从那时起，他就产生了一个错觉和信念：这个世界上，我写作的本事是最大的。后来，郑渊洁回母校参加活动，发言的题目是《马甸小学万岁》。

当代美国著名黑人女性政治家赖斯的成长，得益于母亲坚定有力的鼓励。

在商场买衣服，不让进白人的试衣间。母亲态度坚定地对店员说："不让我女儿进，我宁可换一家店。"

在商场摸了帽子受白人店员训斥，母亲挺身而出："请不要这样对我女儿讲话。"然后对女儿说："你现在把这店里的每一顶帽子都摸一遍吧！"

对这些歧视和不公，母亲对女儿说："记住，孩子，这一切会改变的。这种不公不是你的错，你的肤色和你的家庭是不可分割的一部分，这无法改变，也没有什么不对。要改变自己低下的社会地位，只有做得比别人好，更好，你才有机会。"

母亲为她塑造的自信和不卑不屈成了女儿受用一生的财富。后来，她成了美国国务卿。2000 年她荣登《福布斯》杂志"全世界最有权势女人"的宝座。

教师的爱心往往表现为尊重和宽容的语言。请数学成绩一塌糊涂的学生上黑板默写公式，下面一片倒喝彩声。江苏通州市刘桥中学的徐新民老师却这样说："我知道你作了充分准备，只是当着同学的面默写你很紧张，别怕，哪怕默写对一个公式也是你的进步！"鼓励赏识，如春风化雨，润物无声。这个"差生"终于说："老师，我最喜欢上你的数学课，我想在下次的考试中取得 60 分，你这么辛苦，我不能再拖你的后腿……"老师的话说得如此巧妙得体，而得到的回报是学生的感激和进步。良言一句，也许造福终身。

"天下莫柔弱于水，而攻坚强者，莫之能胜，其无以易之。"爱出者爱返，福往者福来。在给学生以关爱大爱的同时，教师获得的一定是心灵的宁静和快乐。班上转来一个被其他学校"劝退"的差生孙聪。第二天就有学生前来告状："孙聪因为昨天记错了作业，做错了题，大发脾气，把水桶里的水洒了一地。"面对孙聪气呼呼不服气的样子，代老师马上对学生说："孙聪是因为昨天一时粗心，记错了作业，正在生自己的气呢？他这么重视学习，我们应该高兴才对。等他想清楚了，气消了，会把教室打扫干净的。"我由衷钦佩山东省胶州实验小学的代洪霞老师。一是钦佩她善解人意的宽厚之心。"一时粗心"，"正在生自己的气"之说，站在学生的角度，一下子为学生解了围，搭好了让学生自我认识和反悔的"梯子"。二是羡慕她反面文章正面看的心理把握能力，从潜意识角度分析，说孙聪发脾气是重视学习，我们应该为他高兴。这不仅鼓励了孙聪本人，也调整了班上同学的心态，为孙聪的转变营造了一种宽松的集体氛围。有了以上两个层次的铺垫，最后说"等他想清楚了，气消了，会把教室打扫干净的"。暗示他要自我改正和补救，教育效果就功到自然成了。故事的发展是，没过两天，孙聪又一次发脾气，把水在走廊里倒了一地。这次，代老师对学生说："我们应该表扬孙聪的进步，他上一次发脾气是在教室里，这一次他怕影响同学们的学习，把发脾气的地点改在了走廊。大家为他的进步鼓掌！"看到孙聪红着脸低下了头，代老师又继续说："老师相信，以后心情再不愉快的时候，孙聪一定会想到同学们的掌声，控制自己，不再给地面洗澡了。"教师的大爱圣心，化为莲花巧舌，孙聪的改正和进步便在情理之中了。

突然想起我喜欢的刀郎的歌："是你的红唇粘住了我的一切，是你的体贴让我再次热烈，是你的万种柔情融化冰雪，是你的甜言蜜语改变季节。"我想，把这几句话送给以上几位尊敬的教师，也是十分贴切的吧！然而，请大家扪心自问，在我们对学生的教育中，有几次是真正能心平气和的，像对待好朋友一样对待学生，从内心深处去理解、赞美、提升他的？

第三，校园里，坦诚真实、传授真理的话最美丽。

在张家港高级中学，我把学校的办公楼命名为"行知楼"，寄托了我实践陶行知教育思想的办学理念，这主要就是"千教万教教人求真，千学万学学做真人"。哈佛大学的校训是"以柏拉图为友，以亚里士多德为友，更要以真理为友"。我以为，素质教育和人文教育的一个重要任务，就是要陶冶和培养学生对生活、对他人、对集体、对自然和社会、对真理和信仰的忠诚和真情。可以说，在中小学生品德和人格的成长中，最重要的是敢讲真话，在中小学校园，在师生的生活中，没有比真实和真话更美丽了。

语言只有在表达真情实感和真实思想的时候，才是最美丽的。最优秀的教师一定是最真诚、最真实的教师，一定是能够牢记自己职业使命的人，这就是：把真理传授给学生！孔子为什么万古流芳？因为他是一个传播真理的真正的"人师"。江苏常熟人翁同和是清代同治、光绪两朝帝师，一般史论都说他是政治家，而遑论教育家。其实，他对光绪的影响，他传授给光绪的不仅仅是经史之学，更是世易时移经世变法的大学问。因此我说，尽管翁同和只教了一两个人，传之后世的不朽之作《定国是诏》也没署上他的大名，但这不影响他作为千古名师永垂史册，因为作为"戊戌变法"的导师，他影响了一个时代，他是一位勇于传播真理的大教师和教育家。

校园里，坦诚真实、传播真理的话最美丽，鼓励学生讲真话的话最美丽。

在课堂上，我们经常抱怨学生不愿意发言，总是发现学生的表达能力不强，责怪学生的表达不尽如人意。分析原因时，往往又把问题归结在学生身上，很少分析我们教师自身的原因。帮学生创造一个安全、支持的课堂文化环境，对培养学生自信的表达、纯真的交流、民主的对话十分有必要。

在全国著名教师刘可钦的课堂上，学生总是愿意表达，不怕说错话。即使是不爱发言的班级，在短短的一节课中，我们也可以非常明显地感觉到学生由胆小、怯懦、犹豫逐步变得大胆、放松、表达自如。刘可钦常说："教师要善于向学生说出描述思维过程的语言。"

一次，刘老师在教学两位数乘法时，大多数学生根据主题图的情景列出了 $20×3$，并交流了方法。这时，刘老师发现有个小男孩还是高高地举着手，便马上示意他上讲台来说。

小男孩用手指着自己的列式 $20+20+20=60$ 说："因为每捆小树有 20 棵，3 捆就是 20 加 20 加 20，等于 60 棵。"

小男孩刚说完，一个孩子马上就主动站起来发言："你是对的，但这样太麻烦了。"

另一个孩子也站起来表示拥护："这和前面的差不多，一个是乘法，一个是加法，乘法要简便一些。如果有 10 捆小树你就用 10 个 20 相加吗?"其他学生也纷纷附和。

小男孩立刻显得很尴尬，局促起来，不知如何是好。这时，刘老师俯下身对着他。

小男孩指着乘法算式非常小心地说："当然对啦! 但是我的太麻烦了，没有这个简单。"

刘老师微笑着说："是啊，这种方法对吗?（"对!"全班齐答）当然是对的啦!（边说边画一个大大的红钩）只是不简便。好，快感谢大家对你的帮助。"

小男孩在刘老师的指导下向全班同学鞠躬敬礼后，很体面地回到了座位上。

这样的例子在刘可钦老师的课堂上还有很多。在交流算法和解答策略的时候，有些学生的"另类""错误"的方法往往会受到其他学生的议论，甚至是藐视。如果此时学生的自尊心受到打击，往往就再也不情愿交流自己的想法，这对学生的成长极为不利。刘可钦老师不回避问题，抓住这个孩子的想法，引导大家讨论、分析这种方法的思路和优劣，但是在最后，一定会反过来启发全班同学："是谁引发了我们的争论? 没有他的贡献，就没有我们精彩的讨论，我们一起来谢谢他。"

这样，学生才愿意交流自己的真实想法，也只有这样才能慢慢形成崇尚真实表达交流的课堂文化。学生也只有在不断的表达中，表达能力才能得以培养；在不断的交流中，思维才能得以提升和发展，才能互相启发和影响，衍生新的智慧。所以，刘可钦老师说："在课堂上，我们首先应该让学生说真实的话，说真实的话比说正确的话更为重要。"

教育应该是创造人生幸福的职业。这种创造往往通过教师的大爱圣心以及由此生成的美丽生动的语言去实现。从这个角度来说，只有美丽的语言，才能创造美丽的教育!

是为序!

# 目 录

CONTENTS

## 第一篇
## 说话要讲原则：表达到位　内容新颖

教师语言表达的具体要求包括：言简意赅，准确到位；思维严谨，言之有物；语言富有个性和创意，贴近生活时尚等。教师应紧密结合课程内容，语言表达突出学科特色和个性化色彩，给学生以知识的启迪和心灵的愉悦。

# 第二篇

## 说话要讲艺术：掌握方法 激发情绪

在课堂上，有的教师慷慨激昂，声音抑扬顿挫；有的教师深沉浑厚，语言意味深长；有的教师旁征博引，挥洒自如；有的教师风趣幽默，连珠妙语。这样的课堂便能激发学生互动学习的情绪，师生在交流中开启智慧的大门。

# 第三篇

## 说话要有力度：有的放矢 注重效果

教师要在充分熟练教学内容的基础上，把握教学节奏，语言表达声情并茂，和谐动听，使学生听起来兴趣盎然，津津有味。用提问的方式激发学生思维，营造快乐的氛围，用探究式语言促进课堂互动。

# 第四篇

# 说话要讲互动：平等尊重　双向沟通

新课改精神要求师生平等对话、双向沟通。师生在交流中分享彼此的想法，在沟通中了解对方的观点，互补有无，取长补短。要让学生主动敞开自己的心扉，老师应多多倾听，多多理解。

# 第五篇

## 说话要讲尺度：批评要适当　表扬要具体

批评要分场合，要给学生留有改正的余地，让他们理解到老师的关爱。面对棘手学生和突发事件，教师要具有一定的自制力，善于控制自己的情绪，约束自己的言行。

# 第 一 篇

# 说话要讲原则：
# 表达到位　内容新颖

教学语言与课堂教学效果紧密相关，简洁、准确、逻辑清晰的教学语言能让学生迅速领会老师的意图，掌握知识的要点。表达到位、内容新颖是教师课堂语言表达的重要原则。具体要求包括：言简意赅，准确到位；思维严谨，言之有物；语言富有个性和创意，贴近生活时尚等。在教学实践中，教师应紧密结合课程内容，突出学科特色和个性化语言，在科学准确的同时，让语言灵动活泼，给学生以知识的启迪和心灵的愉悦。

# 一、用最简约的表达提高课堂教学效果

干净利索，抓住重点，简洁概括，注重逻辑，有的放矢。教师要简明扼要地表达课程的基本原理、主要观点、重点、难点。对学生已知的或不重要的，我们要少说或不说，点到为止；对学生不了解的或重要的，我们要多说或详说，要说得恰到好处。根据不同学生的年龄特点，使用他们容易接受和理解的话语，用最少的语句表达尽量多的内容，在最短的时间内准确无误地向学生传递丰富的教学信息。

教育家苏霍姆林斯基曾经说过："教师的语言素质在极大程度上决定着学生在课堂上的脑力劳动效率。"教师在课堂教学中语言表达的简约与否，在很大程度上影响课堂教学的质量。在平时的课堂教学中，有些教师的语言表达还不够简约，主要表现在以下几个方面。

### 1. 提问不够明确

有的老师在课堂上提出的问题不明确、针对性不强，学生的回答出现了很多与主题不相符的答案，浪费了课堂时间。如在教学《找规律》一课时，某老师在开课后问道："同学们，你们喜欢过怎样的六一儿童节呀？"问题一出，学生的回答丰富多彩，有的说痛痛快快地玩一天，有的说去买好东西，还有的说可以睡大觉……这时，教师要想把学生的思维再拉回到本节课的教学中就很难了。

### 2. 讲话啰唆

有些教师在课堂教学中，总是不放心学生的理解能力和语言表达能力，担心学生听不明白，经常进行不必要的重复，甚至对学生的回答也要重复一遍，似乎只有从老师口中说出的话才是对的。时间一长，学生就会分散注意力，不注意听课，认为反正老师会重复一遍的。

3. 提问频繁

有些教师为了体现启发式教学，频繁地提问，如频繁地使用"为什么""怎么样"之类的提问，学生根本来不及深入思考，回答效果当然不会好。另外，老师过多地使用"对不对"或"是不是"等选择问句，学生不加思考地回答，这样的提问价值也不大。

有一位教师一节课竟提了120多个问题。这无疑是在浪费时间，怎么可能提高教学效果？

语言是课堂上师生交流的主要媒介。在教学过程中，如果教师语言不够简约，啰里啰唆，拖泥带水，势必会影响课堂时间的充分利用，进而影响教学效果。在日常教学中，我们应该相信学生的理解能力和语言表达能力，尽量提高语言的简约性，简洁有效地表达教学信息。

## （一）用简约的表达创设课堂环节

江苏省吴江市盛泽实验小学副校长、特级教师薛法根，就是一位讲课简约有效的教师。

《螳螂捕蝉》是一篇寓言故事，讲的是春秋战国时期，吴王决定攻打楚国，并且不准属下劝阻。在千钧一发之际，一位少年巧妙地用"螳螂捕蝉"的故事劝说吴王，使他打消了攻打楚国的念头。

薛老师在教《螳螂捕蝉》一课时，先在黑板上写下了教学要求：默写四组词语，如下：（1）蝉自由自在；（2）螳螂弓着身子举起前爪；（3）黄雀伸长脖子正要啄食；（4）侍奉吴王的少年拿着弹弓瞄准。然后说道："同学们，现在由老师来讲'螳螂捕蝉'的故事，讲完后，我请同学复述，最好能用上我要求大家写的这几组词语。"

听说要复述，学生一个个听得都很认真。因此，在复述时，学生都很好地运用了上面的几组词语。

接下来，薛老师说道："大家仔细阅读课文，联系上下文理解'恍然大悟'的意思，并思考这样一个问题：那个少年为什么不在大庭广众之下对吴王讲这个故事？"

学生开始认真读课文，并在薛老师的指导下，领悟到那个少年是在智劝。

最后，薛老师说道："下面，我选两名学生上台来表演，一个扮'吴王'，一个扮'少年'，台下的同学做导演。现在大家先练读对话，再根据课文对话情境写出台词。"

一听要上台表演，学生的兴致很高，积极地和同学练习对话内容，并试着改成台词。之后，学生很好地完成了角色表演，对课文有了深刻的理解。

在薛老师的这堂课中，条理清晰，共分三大板块：一是听故事，复述故事，并用上要求的几组词语；二是引导学生读课文，理解文中重要词语的意思；三是学生表演，改写台词。

整个课堂教学，环节简单清晰、层次分明。薛老师每次的话语都不多，只是把要求说清楚，但每句话却又恰到好处，把教学重点、难点一一落实，让学生的读、说、演等综合能力得到了全面的训练。薛老师的课堂用语简明扼要，就如同秋天的天空一样明净，让人有一种心旷神怡的感觉。

## （二）用最简约的表达提高学习效率

北京市平谷区靠山集中学政治教师张永山，在讲到"经济体制改革的必要性"时，列举了我国旧经济体制三个方面的弊端："一是单一的公有制和集体经营，影响多方面积极性的发挥；二是国家对企业管得过死，企业吃国家的'大锅饭'，缺乏应有的活力；三是分配上的平均主义，职工吃企业的'大锅饭'，不利于调动劳动者的积极性。"

张老师讲到这个问题时，用"死""懒""穷"三个字高度而形象地概括了公有制经济的弊端，精练地说明了体制改革的必要性，学生立刻就明白了为什么要进行体制改革。

张永山老师紧扣教材重点、难点进行讲解，言简意赅，有的放矢。这样，能腾出一定的时间让学生充分思考和练习，有利于学生发展智力。

教师课堂语言表达得精练，能够让学生更快、更好地理解知识，积极思考问题，提高学生的学习兴趣和学习效率。

## （三）简约表达的具体方法

做到教学语言简约并不简单，需要我们认真研究，不断实践。怎样提高教学语言的简约性呢？

### 1. 勤读书，积累语言素材

教师的语言功底来自于平时的知识储备。苏霍姆林斯基说："只有当教师的知识视野比学校教学大纲宽泛得无可比拟的时候，教师才能成为教育过程中的真正能手、艺术家和诗人。"教师只有多读书，不断积累知识，才能在教学语言的表达上更加精练，切中要点。读书时不要走马观花，应吸取书中语言的精华，大量积累语言素材，提高课堂语言表达的简约性。

### 2. 多练习，提高语言概括能力

许多教学环节需要总结性的概括，如问题解决完后总结方法和技巧、课堂结束时的课堂小结等。课堂语言概括性强，才能让学生对所学知识有更全面、更深入的认识。

例如，有一位教师讲授"随机事件的概率"，课堂小结是这样概括的："……我们知道做大量重复的试验可以求随机事件的概率，但是如果我们每求一个随机事件的概率都要进行大量重复的试验，岂不费时费事？可不可以不经过大量重复试验来求随机事件的概率？"这位教师用了设问的表达方式，简单精练、直奔主题，激发了学生探索的兴趣。

教师在练习说话时，要有目的、有针对性地练。可以多听广播，听录音，一字一句地去练。练习时录成声音，放出来，反复比较。时间长了，就会提高语言概括能力。

# 二、词语准确，说话到位

教学语言要想表达到位，用词就要力求准确，准确地表达内涵，不能含糊其辞、模棱两可。在课堂上，无论是对自然现象、社会现象的描述，还是对概念、原理、定义的阐述，教师都要做到用词确切，避免让学生产生疑惑和误解。有时还需要引经据典或引用一些参考资料，特别是经典著作的论述或重要文件，用词一定要完整规范，准确到位，绝不可断章取义。

在备课时，教师应该考虑到怎样用准确到位的词语表达出自己的所思所想，使自己的讲解更容易被接受，以及如何应对课堂上的意外情况。

## （一）用准确到位的词语引导学生的思维

### 案例一

江苏省常州市武进区湖塘桥实验小学优秀教师须红霞在教学"面积"这一知识点前，先对"周长"的概念进行了复习。她问学生："课桌面的周长是哪个部分？课桌面是哪个部分？"结果学生都去摸桌面。

这让须老师很不满意，但她很快就意识到了是自己的提问用词不够准确，让学生产生了误解。于是，她马上改问："课桌面的周长是哪几条边的和？课桌面是哪个部分？"学生马上理解了老师的意思，迅速地给出了正确的答案。

至此，学生对周长的认识就集中在了"几条边"这个要点上，明白了课桌面的周长和课桌面是两个不同的概念，正确引导了学生的思维，从"周长"的概念延伸到"面积"的认知。

## 案例二

江苏省如皋市安定小学高级教师徐哲明在讲授《少年闰土》一课时，问学生："你们说，闰土讲的四件稀奇事中，印象最深的是哪件事？"他本以为学生会答"月夜刺猹"，可让徐老师意外的是，他们竟然异口同声地回答是"雪地捕鸟"。

怎么会这样？这并不是自己想要的答案。徐老师快速地寻找原因。经过思索，他明白是自己的提问不够准确。于是，他马上改问："闰土讲的四件稀奇事中，给'我'留下印象最深的是哪件事？"学生马上回答是"月夜刺猹"。

## （二）用词准确到位，提高课堂教学效果

教师的语言描述如果不够准确，就会引起学生的疑惑、误解，无法提高他们的课堂学习兴趣。

比如，将足球踢出 50 米远，人对足球做功了吗？这个问题的题意就不明确。因为球离开脚以前，人对球做了功。球离开脚之后飞行 50 米的过程中，人对球不做功。又如，0℃的冰是否比 0℃的水更冷些？这个问句就有歧义。其中的"冷"字究竟是表示实测温度还是体感温度，学生无从判断。由于提问的条件不够明确，学生不知从哪方面来回答，这就使他们产生消极情绪，课堂效果大打折扣。

再如，讲《热爱集体》这一课，本课的基本概念是"集体"，这个概念共有几层含义，教师可层层深入地把这个概念传授给学生。可以让学生这样思考："什么是集体？一个人能不能叫集体？"学生会考虑到，集体是由许多人组成的。这时再引导："很多人组成的群体都能叫集体吗？"通过逐层分析，学生会准确地得出集体的概念：集体是许多人集合起来的，有组织、有共同目标和行动的团体。这样，学生对"集体"的理解既清晰，又有条理，课堂教学效果就会提高。

## （三）用词精确到位的具体方法

### 1. 准确把握教材内容

教师在设计教案时，首先要反复阅读教材，准确把握教材内容，尽可能多地查阅相关资料，进行比较分析、筛选、辨别。

特别是数、理、化等措辞要求严谨的科目，教师要对概念的实质和术语的含义有透彻的了解。比如，"整除"与"除尽"，"数位"与"位数"，不可混为一谈；有的教师讲"圆锥的体积等于圆柱体积的三分之一"，就忽略了"同底等高"的条件，从而教给学生一个错误的概念；有的教师指导学生画图时说"这两条平行线画得不够平行""这个直角没画成 90°"等，就违背了矛盾律；而"所有的偶数都是合数""最小的整数就是'0'"之类的错误就在于以偏概全，表达不准确。

教师在讲述概念、定律、法则时，要用科学的术语。比如，不能把"垂线"说成"垂直向下的线"，不能把"最简分数"说成"最简单的分数"。否则，容易造成概念错误，误导学生。

### 2. 广泛学习语言知识

教师要先学好语言方面的知识，提高自己的表达能力。学习方法可以多种多样，如听广播，跟播音员学；看电视，跟电视节目主持人学；听观摩课，跟语言表达能力好的老师学。阅读文学作品也是一种常用的语言学习方法。"唐诗""宋词"都是我国语言宝库中灿烂的瑰宝，教师要善于从我国古典诗文中吸取语言的精华。平时多多积累，教学时才会根据需要信手拈来，使自己的教学用词准确到位。

### 3. 课前精心设计

要想使课堂语言表述清晰，语意连贯，教师必须在课前精心设计，不但要考虑课堂教学语言与教学内容的关系，还要考虑学生是否能理解和接受。对某一问题进行阐述时，也许我们认为这样描述是清晰、连贯的，但对中小学生来说，由于他们的知识储备和理解能力的限制，极有可能认为在概念上是混乱的。

例如，有的教师拿着衣藻模型问学生："衣藻是什么样的？"有的学生说像鸭梨，有的学生说像桃子。而教师所想要得到的答案却是"椭圆形"，即希望在"形状"上得到回答。这时就会出现学生的回答与教师的答案不一致的问题。为什么会这样呢？原因就在教师对于问题的提问用词不够准确，误导了学生的思维方向。

### 4. 字斟句酌，明确意思

教师课堂语言措辞不当，表达不准确，就会影响学生的思维。例如有老师问：水陆两栖动物有哪些特征？这个问题由于措辞不确切，概念混乱，很难让学生弄清确切的题意，所以无法回答。而如果这样问："两栖类动物与爬行类（或鱼类）动物相比，血液循环系统有哪些特征？"问题就清晰明确了，学生就会明白老师提问的意思，很快得出正确的答案。

教学用词要准确规范，教师要准确地使用概念，科学地判断，严谨地推理，把知识准确地传授给学生，提高课堂教学效果。

# 三、摒弃空洞，言之有物

教育家苏霍姆林斯基曾鲜明地指出："教师的语言修养在极大程度上决定着学生在课堂上脑力劳动的效率。"语言既是工具，又是艺术。教师通过情趣盎然的表述，鞭辟入里的分析，恰到好处的点拨，可以把学生带进瑰丽的知识殿堂，并使他们开启心智，陶冶情操，获得精神上的满足，从而很好地达到教学目的。教师在日常教学中要注意锤炼自己的语言，课堂用语要摒弃空洞，言之有物，言之有序，言之有情。

空洞无物的说教等于浪费学生的生命。"言之有理，持之有据""欲语唯真，非真不语"，是对教师语言的具体要求。精心地设计自己的语言，避免废话连篇，有效地传授知识，表达自己的内心感受。

## （一）言之有物，突破重点、难点

浙江省温州市第八中学教师林元龙在讲授《传统工业》一课时，采用了"设置问题"的教学方法。在教案中，林老师设置问题如："读山西省图，你认为山西工业发展的区位条件有哪些？与鲁尔区相比有何异同？""山西省是我国最大的产煤基地，为资源大省，它为我国现代化建设作出了哪些重大贡献？""借鉴鲁尔区等国内外经济转型的成功事例，谈谈如何把山西省打造成我国的经济强省？"这些问题明确了教学目的，力求突破重点、难点。

教师能否引导学生突破重点、难点，是检验一堂课优劣的重要标准。

同时，在教学中，教师要做到言之有物，使教学达到更好的效果，必须具体讲明学生要做什么、怎么做、做到什么程度。切不可只提笼统要求，让学生无所适从，从而收不到实效。说话最忌空洞无物，华而不实，废话连篇。在讲课过程中，如果教师只是漫无边际地夸夸其谈，或者缺少重点，必然会阻碍教学活动的顺利进行。

## （二）说话言之有物的具体方法

教师应该如何提高自身的语言修养，做到言之有物呢？

### 1. 说话要有知识性

课堂是学生学习、掌握知识的主要场所。能否真正传授给学生知识，是检验一堂课优劣的重要标准。它渗透着教师对教学内容的理解和对教学目的的探究，是教师定向思维的主要导向。因此，教师的课堂语言必须具有高度的知识性。教师要在有限的课堂时间内传授尽可能多的信息，与传授知识关系不大或无关的内容，最好不要涉及。

### 2. 说话要有具体内容

"物"是指教学的具体内容。言之有物，也就是要求教师说话要有充实具体的内容，有针对性，少说绕弯子的废话，尽快切题。在教学活动中，有些教师喜欢将一些与学习不相干的内容一股脑塞到课堂教学中，但对学生学习的重点、难点却没有或很少涉及。以至于教师讲了半天，学生还是不知所云。

### 3. 用语要健康

教师语言要健康、文明。语言是一个人文明程度的表露。教师的语言修养是其为人师表的重要因素，会对学生的道德品质培养和审美修养产生极大的影响。苏霍姆林斯基指出："对语言美的敏感性，是促使孩子精神世界高尚的一股巨大力量。这种敏感性，是人的文明的一个源泉所在。"因此，要启迪学生心灵，陶冶学生情操，教师就要用健康、文明的语言去触动学生的心弦，给学生以美的享受，使其形成美好、高尚的心灵世界。

### 4. 说话要有真情实感

教师说话应做到"欲语唯真，非真不语"。就是说教师语言应该反映真实情况，表达真情实感。没有真东西，教师就不要开口讲话。在教育过程中，教师语言言之有物的标准之一就是要情理结合，这样才可以打动学生的心灵，取得他们的信任，使教育活动顺利进行。

5. 用理说服学生

言之有物还要求教师切忌唠叨，同时要以"理"说服学生。过多的、不适当的语言刺激不仅不能加深学生的印象，反而会使学生反感，甚至出现逆反心理。我们在教育学生的过程中，要尽量做到以理服人，使其重新回到正确的轨道上来。我们只有把道理说得透、讲得清，才可以解开学生心中的困惑，取得理想的教育效果。

"两年胳膊三年腿，十年难磨一张嘴。"教师要提高自己的语言艺术，做到言之有物，掷地有声，是非要下一番工夫不可的。

# 四、思维严谨，说话要突出重点

"你会讲话吗?"当然，只要不是哑巴。

"你会讲课吗?"当然，只要是个教师。

同样是讲课，有的教师讲的课让学生听起来兴趣盎然，而有的教师讲的课却让学生听得味同嚼蜡，疲惫不堪。

同样是讲课，为什么效果会有如此大的差别呢? 当然，这其中有很多原因，比如语言不够幽默、太过沉闷、缺乏感情等，但也有很大一部分原因是教师的课堂教学语言重点不够突出。

著名特级教师于漪说："教师的教学语言虽属日常口语，但又不同于大白话，应该是加了工的口头语言，与随想随说的日常交谈有区别。"

这是于老师的经验之谈。这就要求我们教师根据学生已有的知识基础、经验、接受能力，根据认识问题的科学规律，对所讲知识进行分析、组织。明确每一堂课的教学要点，在讲授中做到突出重点、有的放矢，该讲什么，不该讲什么，都要做到心中有数，不能随心所欲、信口开河。有些教师不懂得如何在课堂教学用语上做到重点突出，以致出现了下面的问题。

1. 课堂提问"狂轰滥炸"

有的教师为了让学生学到更多的知识，课堂提问一个连着一个，密集得像"地毯式"的"狂轰滥炸"，弄得学生不知道教师究竟想问什么，哪个才是教材的重点，结果学生不但学不到重点知识，还感到很累。

2. 课堂讲授偏离主题

有的教师在讲课时，一时说得兴起，就逐渐偏离了教材内容，滔滔不绝地讲起了与教材毫无关系的东西，这样的课也许会让学生听得很有兴致，但却忽略了知识的传授。作为教师，我们的任务是教授教材上的知识，不是来即兴演讲的。显然，这样的教师没有把握课堂教学语言的重点。

课堂语言的重点一般来说都是教材中最基本的内容，是需要学生熟练掌握并学会运用的。要很好地将这些内容教给学生，就要求教师吃透教材，讲课思路要重点突出、层次分明。

其实，我们只要抓住一个讲课重点，就等于抓住了主要矛盾，看起来讲得少了，但效率却提高了。所以，教师在讲课时，语言一定要突出重点，这样才能提高课堂教学效果。

## （一）重点突出，让学生尽快进入学习状态

著名特级教师于漪在讲授《春》一课时是这样组织语言的："一提到春，我们眼前就仿佛展现了阳光明媚、东风荡漾、绿满天下的美丽景色；就会觉得有无限的生机、无穷的力量。古往今来，许多文人用彩笔描绘春天，歌颂春天。同学们想一想，诗人杜甫在《绝句》中是怎样描绘春色的？"

有学生马上背诵："两个黄鹂鸣翠柳，一行白鹭上青天。窗含西岭千秋雪，门泊东吴万里船。"

"那么，王安石在《泊船瓜洲》中又是怎样描绘的呢？"于老师再问。

另一学生背诵："京口瓜洲一水间，钟山只隔数重山。春风又绿江南岸，明月何时照我还？"

"苏舜钦在《淮中晚泊犊头》一诗中又是怎样写春的呢？"于老师又问。

又有一学生背诵："春阳垂野草青青，时有幽花一树明。晚泊孤舟古铜下，满川风雨看潮生。"

"现在我们就欢乐地生活在阳春三月的日子里，但我们往往是知春而不会写春。那么，现在我们就来看看朱自清先生是怎样来描绘春景的姿态、色彩的吧。"于老师顺着自己提出的重点，顺利地带领学生进入到本课教学的内容中。

教师语言重点突出，导向性就比较强，学生相对来说就容易了解教师表达的意思，从而迅速进入学习状态。

从上面的案例我们可以看出，新课一开始，于老师就针对本课的主题

"春"提出了问题：请学生想一想，其他诗人是怎样描绘春天的。虽然表面上看似乎跑了题，学生一直在背诵其他诗文，但这正是于老师教学语言的高明之处：通过背诵其他诗文来与朱自清的《春》进行比较，从而让学生更好地明白不同的人对春有不同的描写手法。

但有的教师却对说话突出重点的技巧把握得不够好，以致离题万里，越说越远。如有教师在讲授《桂林山水》一课时，问道："桂林山水比起其他地方怎么样？""很美。""没有九寨沟美。""西湖也不错啊！"学生议论纷纷，结果越说离本文的内容越远，教师想拉也拉不回来。

之所以出现这种情况，原因就在于这位教师问的重点不够突出，比如他可以这样问："同学们读了课文都感到桂林山水特别美，能说说桂林山水怎样美吗？"这样，学生无论怎样回答，都不会偏离课文，会一直围绕"桂林山水"这个主题。也就是说，教师课堂语言只要重点突出，就不会出现越扯越远的现象，才会让学生尽快进入学习状态。

## （二）重点突出的语言最有效

有效的语言应该是中心明确的。虽然教师有时为了活跃课堂气氛，或是对课堂的一些事有所感悟，可以顺便讲一些小故事，但这时必须记住课堂的主要目标和重点，避免作一些与教学主题无关的叙述。尤其重要的是，不能过于分散学生的注意力，削弱了对本课内容的学习。

语言的有效性还体现在提问时要力避烦琐，贵在一个"精"字。例如，讲《狐狸和乌鸦》一课时，有的教师是这样提问的："乌鸦住在哪儿？狐狸住在哪儿？乌鸦出去干什么？它找到了什么？心情怎样？"这类问题几乎全是围绕课文的情节转。这种没有重点的提问，对于提高学生的学习能力没有任何意义。这样问，重点问散了，难点问歪了，特点问没了，对学生掌握文章内涵是很不利的。

每一节课都有一定的目标和要求，教师只有做到语言重点突出，才能层次分明地组织教学，才会让学生学习起来有一个清晰的思路。

## （三）语言重点突出的具体方法

俗话说"打蛇打七寸"，意思是说，只要抓住了事物的关键，做事就能达到事半功倍的效果。在课堂教学上也是如此，只有教师的课堂语言重点突出，才能让学生迅速了解教学意图，提高学习效率。那么，教师怎样才能使自己的教学语言重点突出呢？

### 1. 了解课堂教材重点

要想突出课堂教学语言重点，教师就必须抓住教材重点。这就要求教师做到真正了解本堂课的教学目的和任务，吃透教材内容，对所教内容融会贯通，这样才能在课堂上得心应手、灵活地处理每部分内容，更好地把握重点、突出重点。

### 2. 扫除突出重点的障碍

有些重点内容，教师在讲授时往往感到困难重重，不好下手。好像要突出重点，必须做许多准备工作，必须说许多话。而这正是突出重点的最大障碍。这些障碍一方面产生于新旧知识的衔接上，另一方面产生于学生对新知识的理解上。

因此，在教学前，我们教师首先要抓准突出重点的"拦路虎"，看清通往"突出重点"道路上的种种障碍，并制定好清除方案，落实疏导措施，为突出重点创造有利条件。

其次，我们还要为更好地突出重点做好准备工作，该铺路的就铺路，该架桥的就架桥，不要认为这会延误或浪费教学时间。"磨刀不误砍柴工"，虽然我们在准备阶段花费时间较多，但障碍扫清了，准备工作做好了，重点问题往往一攻即破。实践证明，先疏通渠道，理顺知识的关联，再讲授课堂内容，会让教师讲课时重点突出、主次分明，有效地提高课堂教学效果。

### 3. 情绪要高昂

教师的情绪也能体现出语言的重点。比如，我们在讲解某重点内容时，情绪激昂、情感强烈，学生自然能感受到这部分是重点内容，然后受到我们情绪的感染，学生也会认真听课。反之，如果我们在讲解某一非重点内容时，情绪稍微平缓一些，语言简单一些，学生就会了解到这不是教师讲授的重点内容。

### 4. 注意讲课的声调、语气

要突出课堂重点，我们还要注意讲课的声调、语气。如果讲课平铺直叙，主要的、次要的都是一个声调，学生就分不清哪儿是重点了。教师应该在重点的地方变换声调、加重语气，以引起学生的注意，让学生有所感觉。

另外，优秀的教师还非常重视声调、语气的变化。在重点内容讲授时，字字落实、句句清楚，感情有起伏变化，声调抑扬顿挫。

### 5. 把握好课堂语言密度

有的教师上课时，言辞过"疏"，说话慢条斯理，语句断断续续，从头到尾全是慢节奏。对这样的教师讲课，学生往往不知道哪儿是学习重点，因此听得神经松弛、昏昏欲睡。而有的教师则与此相反，课堂语言过"密"，铺天盖地、密不透风。这种课堂语言同样不能突出重点，甚至会让学生产生疲惫感，无法完整接收信息并及时反馈，不利于提高学生的学习效率。

因此，我们教师要对表达内容进行筛选和提炼，使课堂语言疏密得体、繁简适宜，这样课堂语言才能重点突出、主次分明。

# 五、打造属于自己的语言特色

如同电影语言、话剧语言、相声语言一样，课堂教学语言属于专业语言。高超的课堂教学语言艺术，不仅可以丰富学生的知识，启迪学生的智慧，提高学生的思想水平，而且还能引起学生的美感，使他们得到一种美的享受和性情的陶冶。

教学语言艺术与课堂教学效果有密切的关系。著名教育家苏霍姆林斯基认为，教师的语言在很大程度上决定着学生在课堂上的脑力劳动的效率，教师高度的语言修养是合理利用教学实践的重要条件。名师之所以能够在课堂上强烈地吸引学生，让他们爱上学习、学会学习，并取得骄人的成绩，很大程度上是因为他们拥有属于自己的语言特色。

## （一）用语言吸引学生

特级教师宁鸿彬在教学《竞选州长》一课时，先讲述了这样一个故事：

纽约州长见到马克·吐温后，极端仇恨，说道："马克·吐温，你知道世界上什么东西最坚固，什么东西最锐利吗？我告诉你，我防弹轿车的钢板是最坚固的，我手枪里的子弹是最锐利的。"

马克·吐温听了微微一笑："先生，我了解的可跟你不一样啊！我说世界上最坚固、最厚实的是你的脸皮，而最锐利的呢？是你的胡须。你的脸皮那样厚，可你的胡须居然能刺破它长出来！"

宁老师通过这个故事的引述，使学生忍俊不禁。学生在一阵轻松的笑声中感受课文，把握了马克·吐温幽默的语言特色。

课堂开始三分钟很关键，很多名师都善于在这短短的三分钟内吸引住学生。很显然，此例中的宁老师运用的幽默的语言很受学生欢迎，并且能起到积极的导入作用。

除了课堂导入之外，我们教师在授课中，还可以根据教学进程，根据学生的情绪反应，随机应变地穿插一些生动幽默的话语。这样既可以调节教学节奏，营造愉悦的课堂气氛，也利于集中学生的注意力。

我国大教育家孔子主张说话"辞达而已矣"。课堂特色语言不但要讲求"辞达"，还应该如行云那样舒卷自如，如流水那样从容流畅，"常行于所当行，常止于所不可不止"。

比如，讲《荷塘月色》要用通达的语言讲好一个"淡"字，讲出淡淡的荷塘、淡淡的月色；讲出作者淡淡的情调、不满现实的淡淡的哀愁。讲《绿》要讲好一个"绿"字，讲出绿色的蓬勃的生命力，讲出梅雨瀑的飞花流翠，讲出梅雨潭的鲜润醉人。

另外，我们还要用"美读"感染学生。教师在课堂上，若要用好教学特色语言，就要切忌平铺直叙，而应使自己的语言尽量做到高低起伏，长短相间，快慢适宜。教学语言随着教学内容和教学实际的需要时轻时重、时缓时急，抑扬顿挫、声情并茂，使学生听起来精神饱满，兴趣盎然。这种"美读"可以激发学生的极大兴趣，也可以使我们自己陶醉其中，促进师生之间思想感情的沟通与共鸣。

例如《从百草园到三味书屋》，文章前一部分写的是百草园里自由自在的快乐生活，后一部分写的是三味书屋里枯燥无味、深受约束的生活，两部分表达的内容和情感截然不同。因而在讲课时，不论是范读，还是讲授，都要用两种不同的语调和语速，前一部分用欢快、活泼的语调，速度可稍快一些；后一部分用低沉、苦闷的语调，速度可稍慢一些。这样，不仅使得课堂教学语言富于变化，而且能启发学生较好地把握课文的写作特点和主题思想。

教师的教学语言艺术在很大程度上决定着师生在课堂上的互动和教学效果。我国古代著名的教育著作《学记》中有"善歌者，使人继其声；善教者，使人继其志。其言也，约而达，微而臧，罕譬而喻，可谓继志矣"的言论，明确提出了语言在教学中的作用及要求。因此，作为教师，我们不能再忽视在教学过程中锤炼自己的语言、打造自己的语言特色了。

## （二）名师善用启发性语言

我们知道，教学的最关键之处就是要用启发性的语言启迪学生的思维。

在课堂教学中，我们要善于运用启发性的语言，创设问题情境去激发学生的好奇心，去打开学生的思维。名师课堂上的启发性语言一般有两条渠道：一条渠道通向作者，一条渠道通向学生。

通过名师的语言启示，可以让作者的手与学生的手紧紧相握，让作者的心与学生的心息息相通，从而使学生在思想上得到教诲，在情感上得到共鸣，在知识上得到教益，在能力上得到提高。

湖南省长沙市同升湖国际实验学校的优秀教师陶妙如在教学《祝福》时，就从祥林嫂反复念叨"我真傻"上，启发引导学生认识祥林嫂傻在哪里，从自然界的狼吃掉阿毛，进一步联想到封建社会吞噬了祥林嫂。

在课堂上，教师可以通过启发性的语言来一步步引导学生，从而达到教学目的。思维规律告诉我们，思维启动往往从惊奇和疑问开始。在课堂教学中，我们多为学生制造悬念和创设意境，激发学生思维的积极性和求知渴望，引导他们发现问题、解决问题，使他们融会贯通地掌握知识并发展智力。

为此，教师课前要设计好预习习题和课间提问问题，让学生带着问题去看书、去听课。课堂上要注意循循善诱、因势利导、深入浅出，多用疑问性提问、疏导性提问、铺垫性提问，通过这些精练的提问语使学生在教师的引导下探求新知识，掌握新内容。

## （三）提高自身语言特色的具体方法

提高语言特色说起来复杂，但我们通过总结名师的经验就不难发现，它完全可以从以下几个方面入手。

### 1. 语言要有激情，做到情理交融

古人说："感人心者，莫先乎情。"可见富有激情的语言才能感人，才能

广泛地调动学生的学习积极性，激发学生的求知欲，在课堂上产生一种强烈的号召力和凝聚力，使学生的注意力高度集中到黑板上、教师身上、书本内容上。

这就要求教师要很熟练地掌握所讲内容，能够轻松自如地进行讲解。这样，才能充分发挥语言特色，从而达到"情发于声、情融于理"的效果。

教师的情感对学生有直接的感染作用。所以，讲课不能是一种简单的灌输，而应该建立在心理相容和情感共鸣的基础上，真正做到理中蕴情、通情达理。

在教学中，教师要带着饱满的热情讲课，做到情动于衷，形诸于外。我们还要创设情境，以形象为手段，以美育为突破口，以情感为纽带，激生情，启其疑，引其思，使学生心理处在兴奋状态，从而提高学习效率。

另外，教师在教学中还应该有目的、有计划、有步骤地控制教材中的情感教育素材，对学生进行思想品德教育、审美创新教育，促使学生健康成长。

2. 语言要讲究声调美，做到抑扬顿挫

教师课堂特色语言要强调语音美。讲课声音要洪亮，穿透力要强，声调要抑扬顿挫，使学生感到悦耳，以达到余音绕梁的美感效果。我们还要注意教学语言要快慢适度，富有节奏感，便于学生理解和掌握知识内容。

上课并不是简单的听与讲的关系，更重要的还是师生之间的互动。假如我们讲得兴致高昂，语调"上"了却一直不"下"，时间一长，学生只会觉得满耳都是噪音，很容易疲劳，根本无心听课了。相反，我们如果能够控制好自己的语调，使之抑扬顿挫，时而高昂，时而低沉，能够吸引学生集中注意力去听，自然就不会出现"左耳朵进，右耳朵出"的现象了。

教师要把普通话说得标准，掌握好语调语速；另一方面，还可以了解学生喜欢什么样的语言表达方式。从某种角度上说，学生的要求便是我们教师用语的努力方向。

3. 语言要有启发性，能引起学生的思考

发展学生的思维能力，关键在于启发并鼓励学生质疑问难，因为由"生疑"到"解疑"的过程，正是学生思维发展的过程。因此，我们要精选重点、难点、学生感到困惑易错的地方，以简洁明快的语言去启发。

教师应引导学生开拓思路，但不可越俎代庖，先把结论交给学生。应鼓励学生知难而进、思索争辩，训练和提升学生发现问题、解决问题的能力。在启发学生时，我们教师要抓住关键，要善于"引渡"，这样才能帮助学生达到活跃思想和发展思维的目的。

**4. 语言要注重幽默感和趣味性**

趣味和幽默可以说是课堂语言的双臂。它们在调动学生的学习积极性、激发学生的学习兴趣及启迪学生的智慧等方面，有着举足轻重的作用。它们好像课堂的"味精"一样，如果投放适量的话，一定会使课堂回味无穷，充满强烈的诱惑力。

例如，语文老师解释成语"欲盖弥彰"时，就可以巧妙地用另一富有趣味的成语典故"此地无银三百两，隔壁王二不曾偷"来说明其意思。这样，学生就会很自然地记住这个成语的意思。

兴趣在教学中具有很重要的作用，这就要求教师要广采博闻，把跟教材有密切联系的笑话、故事、游戏、成语、典故等引入课堂，而且要做到调动自如、游刃有余，从而生动地创造课堂情境，让学生感到课堂新奇多趣，知识易于理解。"文如登山不喜平！"我们教师的课堂语言如果不具有自己的特色，就很难发挥出艺术魅力。在平淡无奇的讲解下，学生只能昏昏欲睡。

# 六、非母语教学应把握的原则

除了母语教学之外，英语——非母语教学在全国已经普遍开展起来。

虽然英语教学与语文教学同属于语言类学科教学，但英语不是学生的母语，没有天然便利的练习环境和模仿范例供学生演练、巩固课堂所学。可以说，课堂是学生学习英语的主要渠道，学生所受的英语培训主要来自于教师的正确引导。

那么，英语课堂上教师的语言自然而然就承载了多种功能，对英语教师的课堂语言的要求也就有了一定程度的提高。其实，英语教师的课堂语言是有一定的原则的，如果英语教师掌握了这些原则，然后再辅助以一定的方法，是能够有效促进英语课堂教学的。

第一，英语课堂语言具有高度的准确性。英语教学不同于语文教学，汉语是学生的母语，学生在正式学习语文学科之前，已经获得了五六年的汉语训练，而且可以说是耳濡目染，这样学起来可能要得心应手得多。

但英语学习不同，大多数学生在正式学习之前，对其认识几乎是零，个别学生也只是拥有粗浅的基础——几句简单口语、几个单词。况且，大多数学生在日常生活中很少接触到英文。

以上种种原因，注定了英语教师的课堂语言必须准确，无论是在语音、语调，还是语法习惯等方面都要能成为学生学习英语的范例。

第二，英语课堂语言具有可接受性。英语课堂不是教师的个人风采展示会。英语教师良好的英语素养是为学生学习英语服务的，应通过师生的共同努力，使学生逐渐具备学习英语的能力。

英语课堂上教师语言有效与否的一个重要指标是学生能否听懂。学生听不懂，再精彩的语言也是无效的。所以，在教学过程中，英语教师要考虑到自己语言的可接受性。

第三，英语课堂语言还要具有情境交际性。任何语言都是交际的工具，而交际总是在一定的情境中进行的。交际离不开情境，同时也离不开语言。那么，英语课堂语言就要注重这种有利于交际的情境创设了。

在英语教学中，英语教师就应该从各方面去利用和创设社会语言情境。比如，用师生的态势语创设情境；用实物或图片来创设情境；在英语入门阶段的教学中，用实物和图片创设生动形象的情境；用现代化的教学手段来创设情境，如使用录音、幻灯、电视及语音室、多媒体辅助教学。

当学生有了一定的语言能力时，英语教师应在精选话题的基础上，用描述替代实物、图片来创设语言情境；用表演来体会情境，结合课文教学的功能项目，布置交际任务，让学生在一定的情境中表演。

## （一）搭建师生合作的舞台

英语课堂教学艺术就是师生合作的艺术。在面对英语教学，上海市四中的知名教师傅彩虹将知识融于游戏之中，让学生在丰富多彩的游戏中练习新学的知识，在蹦蹦跳跳中学习英语。这样既能活跃课堂气氛、激发学生的兴趣，同时也能让学生体会到一种成功的喜悦感。

她在教人体部位的单词 head、face、eye、nose、ear 时，将几个学生叫到黑板前，让他们做 "Touch your head/face/eye/nose/ear" 等动作，做对的，下面的学生说 "Yes"，做错了，下面学生就说 "No"。

例如，在操练最基本的句型 "Is that a…？ No，it isn't. It's a…" 时，傅老师设计这样一个对话：Robbit 和 Duck 去森林玩，一路上看见了许多动物，从没有来到森林的 Duck 不停地问：（学生表演）

Duck：（看见一只绵羊）Is that a dog?

Robbit：No，it isn't. it's a sheep.

Duck：（看见一只山羊）Is that a sheep?

Robbit：No，it isn't. It's a goat.

例如，傅老师在教学 Look and Say 时，除了教会本课时所要学的内容之外，还结合生活补充了大量流行饮料的名称，如 Sprite（雪碧）、Fenta（芬达）、Pepsi（百事可乐）、Seven-up（七喜）、Coffee（咖啡）、Juice（果汁）

等，让学生在生活情境中学习、操练语言，在真实的语境中既学到了语言，也学会了交际。

在讲授对话："Whose kite is this?" "It's Linda's kite." 时，她创设了这样的情境：Mike 到公园去玩，碰到了 Mary，这样可以让学生按情况需要给当时的 Mike、Mary 配几句对话，然后由复习引向新课，指着 Mary 手里的 kite 问："Whose kite is this?" 问学生是否知道，激发他们的疑问，引导学生学说这句话，然后告诉学生："It's Linda's kite." 学生恍然大悟，很快理解并学会了对话。这时她又不断变换场景，比如放一支笔放在地上，让学生按需要进行对话，学生自然拾起笔，并开始 "Whose pencil is this?" "It's ××'s pencil." 的对话。

她在讲解 not a bit 和 not a little 时，举了以下的例句：

John often makes fun of others. He is not a bit good. He is not a little bad.

在讲解 a number of 和 the number of 时，举了这样的例句：

The number of students in our class is 50 and a number of them are members of the League.

如在教 Book 1 Lesson 70 时，她要求学生看黑板上的挂图，然后提出设问："What are Kate and David talking about? What's wrong with Kate's kite? Is David a good boy? Why? Who can help Kate? Who can help David?"

如在教 Book 1 Lesson 90 Part 2 时，她就根据学生的不同层次提出三类问题：A. Who are they? What can you see in the park? B. Is the family happy? What are they doing? C. What have you learned from the text? 对于第三类问题，学生会联想到助人为乐或安全教育等，这样就达到了预期的效果。

通过游戏，学生很容易就掌握了单词，而且全员参与，个个表现很棒。傅老师在教学中创设情境，有利于学生进行体验，提高学生的兴趣与适度的紧张情绪，从而提高了学习效率。

一个单调的句型，一旦放在生动的故事情节中，往往就变得其乐无穷了。其实情境与语言有着密切的、不可分割的关系，英语教师就应该充分地运用情境教学，为学生创设一种学习英语的氛围，将枯燥的、抽象的内容寓于一个悦目、悦耳、悦心的情境之中。

在整个讲课过程中，傅老师始终只起了点一点、拨一拨、示范一下的作用，而让学生带着问题学习，为了需要不断进行对话。这样，既让他们轻松愉快地学到了新知识，又无意中反复锻炼，提高了英语交际能力。

另外，在英语教学时，提问语言也是很讲究的，因为它具有科学性、趣味性和启发性。

在提问中，傅老师采用引导法，通过"一斑"而引出"全豹"。在教学中一系列的设问就会引导学生仔细看图并迅速理解整篇对话的内涵。在层次性提问中，她根据不同层次学生的水平，对学习有困难的学生提一些简单的问题，对中等水平的学生提一些理解性的问题，而对较高水平的学生提一些创造性的问题。

## （二）扎实基本功

在现实的英语教学中，有部分英语教师在语言的基本功上存在着缺陷或不足，如英语课堂用语不规范、说话错误较多，这些都会严重影响我们的教学效果。譬如：

1. 词序不对

Can you tell me when did the Second World War begin? Can you guess what does it mean?

正确的说法应该是：

Can you tell me when the Second World War began? Can you guess what it means?

2. 用词不当

Can you make a sentence about "how long"? I'd like some of the students to come to the front. How is everything about you?

正确的说法是：

Can you make a sentence with "how long"? I'd like some of you to come to the front. How is everything with you?

3. 有的则是一些习惯性的错误

Teacher：What's your English name?

Student：Smith.

Teacher：How to spell it?

这段话毛病出在最后一句话上。不少英语教师经常说：

"How to spell the name/word?" 或 "How to say in English?"

遗憾的是，这是个不被人注意的、不符合英语习惯的普遍错误。应该说 "How do you spell the word/name?" 当然不是说 "how to spell" 这个短语本身有误，而是我们教师不宜直接当做问题来问。

这种习惯性的错误在课堂上很普遍。虽然口语不能像书面语那样严谨，出现不规范的语句是常有的现象。但是作为英语教师，情况就不同了。平时，在课堂上我们对学生反复强调的基本语言规则，我们自身就应该做到以教师良好的语言习惯为学生示范。

4. 课堂用语不通俗，说话令学生费解

口语有别于书面语，用词要简单，说话要明白。对英语教师来说，课堂用语要符合学生的实际水平，尽量用学生熟悉的词汇来组织课堂教学。可是，有些英语教师在课堂上说英语时，书生气十足，讲话文绉绉的，如：

"Relative means relation or person to whom one is related by blood or marriage. If someone is your relative, they belong to the same family as you."

不用说，这位英语教师这样解释 "relative" 单词，只会使学生觉得晦涩而难以理解。其主要原因是教师的课堂用语超出了绝大部分学生的英文理解水平。教师解释词汇的语言是从原文词典中照搬过来的。

如果英语教师能从学生的实际水平出发，改用学生熟悉的语言来解释这个词，情况也许就会不一样。有一位英语教师在向学生解释 "think" 一词时，他的语言就值得我们借鉴："I see with my eyes. I hear with my ears. I walk with my legs. I speak with my mouth. I think with my head."

## （三）把握英语课堂语言原则的具体方法

1. 运用语言进行调控

首先，我们要注意语言的准确性，要言简意赅。

例如 come here（过来），go back（回来），one，two，go（开始），look at your book（看书），say together（一起说），ask and answer（回答），read and write（读写），work in pairs（两人一组练习），等等。

其次，要注意语言的激励作用，使学生乐于接受。

如讲课前我们可以先说："Last class，you all did very well. I hope you will do better this class，OK?"

学生回答"OK"后，我们可以握拳放于胸前，情绪激昂地说："Let's do our best!"

在课堂气氛比较热烈时，我们可以说一句："Great! Wonderful! Excellent! You're very clever!"

最后，英语教师还要注意自身的语言修养。英语教师的语言艺术和水平直接关系到英语课堂教学的质量。教师纯正流畅的语音、语调，抑扬顿挫的节奏能使学生置身于良好的语言学习环境，保证教学信息在传输的过程中发挥最佳的效能。久而久之，在潜移默化的熏陶中提高学生的听力，培养他们优美纯正的语音、语调。

当英语教师在课堂上带着外国人特有的韵味，用音乐般的节奏讲解英语时，学生就会在听觉上产生愉悦，就会增强说英语的欲望。

2. 英语教师要处理好两个关系

一是英语和母语的关系。

我们英语教师在课堂教学中一定要坚持尽量使用英语的原则。利用学生已学的英语来解释或介绍新的教学内容，以便在真实的教学情境中提高学生运用英语的能力。但在教语法和讲解抽象名词时，可适当利用母语。

用英语来概括这个关系就是：

"Speak English if possible，speak Chinese if necessary."

二是课堂用语中准确与流利的关系。

教师的不规范语言直接影响学生的理解和领悟程度。在课堂教学中，英语教师的课堂用语既要很流利，又要保证语音、语法正确，把逻辑性的错误降到最低。

### 3. 增强课堂语言的启发性、指导性

为了增强语言的启发性、指导性，我们可以将英语字母、单词、句型和对话等进行对比归类：按读音归类；按句型归类；进行词形、词义比较；进行句型、句义比较。

英语教师这样富有启发性、指导性的教学语言能够吸引学生的注意力，引导学生对英语基础知识"积零为整"，融会贯通，重点、难点突破，从而全面提高教学效果。

### 4. 把充沛的感情注入英语课堂教学当中

英语课堂教学的过程是英语教师和学生知、情、意相互交流的过程。我们教师要对学生充满信任和希望，用热情、诚恳的语言获得学生的信任，师生之间坦诚相待。

爱的情感可以在师生的心灵之间架起桥梁，并成为学生自觉学习的内在动力。课堂教学中英语教师充满感情的语言能唤起学生的积极思维，也能激发学生的热情。师生之间产生了情感上的共鸣后，就能取得良好的教学效果。

英语教学作为一门非母语教学，与其他学科有很多不同之处。因此，英语教师的课堂语言就更要经过一定时间的认真锤炼了。我们英语教师可以通过努力让语言变得生动、活泼，搭建师生互动舞台，让学生在适宜的环境中学习英语，促进课堂师生之间的双受益。

# 七、赋予创意，让语言具有新鲜感

三尺讲台方寸地，教师优美的语言能超越时空，在学生心中留下经久不息的震撼。能否达到这个境地，关键在于教师的语言里是否有"魂"，是否有光彩。那么，教师讲课所用的语言虽属日常口语，但又不同于大白话，应该是加了工的口头语言。在这些口头语言中，教师可以增加点新生词，这样既能够吸引住学生，也能够拉近教师和学生之间的距离。

因此，教师要掌握大量的词汇，善于同义词、近义词之间转换，善于运用专业词、成语和俗语。当然，教师也要掌握一定量的新生词，平时广为采撷，认真储存，教课时就会源源不断地涌入脑际，根据教学需要信手拈来，脱口而出。如果自己的词语仓库里的"物品"极少，阐述问题、剖析事理时总是翻来覆去的几句话，教学效果也就大打折扣了。

## （一）新生词带来的幽默效果

特级教师于永正常常以恰到好处的新生词来润色课堂，为教学增添亮色。

例如，在教授《我爱故乡的杨梅》一课时，于老师请一个学生朗读课文，让其他学生边听边想象情节。这个学生声情并茂的朗读，仿佛将大家带进了果实累累的果园。

当这个学生读完以后，于老师看了看全班学生，煞有介事地说："晓荣听得最投入。我发现他在边看边听的过程中，还使劲咽过两次口水。"回过味来的学生都会心地笑起来。

于老师接着说："课文中描写的事物，肯定在他的头脑中变成了一幅鲜明生动的画面。我断定，他仿佛看到了那红得几乎发黑的杨梅，仿佛看到了作者大吃杨梅的情景，仿佛看到了那诱人的杨梅正摇摇摆摆地朝他走来，于是才不由得流出了'哈喇子'……"学生哈哈大笑起来。

于老师又郑重其事地说："如果读文章能像晓荣这样，在脑子里'过电影'，把文字还原成画面，那就证明你读进去了，就证明你读懂了。老实说，刚才我都流口水了，只不过没让大家发现罢了。"听罢，学生笑得更厉害了。

在这节课中，于老师灵活地运用教学语言，把一个重要的读书方法"边读边想象，把抽象的文字还原为生动的画面"讲出来了。在于老师的教学语言中也不乏一些新生词，例如"过电影"等。通过这些新生词活跃课堂氛围，带动学生的学习积极性。而学生发自肺腑的笑声，也表示他们对课文的理解和对教师语言的敏感和领悟。

## （二）新生词贴近学生，易于吸收、消化

著名教师骆永在教授《寓言两则》一课时，通过一些新生词来点拨、激活学生思维，从而拉近了与学生之间的距离。

骆老师问："农夫为什么在田边焦急地转来转去？去掉'焦急'一词，意思上会有什么变化？"

学生1回答："'焦急'是因为他看到禾苗没长高，认为自己白花了精力，不见效果。"

学生2回答："如果去掉'焦急'就不会有'揠苗助长'这个结果。"

骆老师接下来说："请同学们抓住'好像'一词说说自己的感受，谈谈自己的想法。"

学生1回答："'好像'说明禾苗长得慢，一点一点生长，农夫不满意。"

骆老师点头："你说得很好！如果去掉'好像'意思变了吗？试着读一读这一组句子……"

学生朗读："（1）禾苗好像一点儿也没有长高；（2）禾苗一点儿也没有长高。"

骆老师问："通过朗读，你想'灌水'吗？从'终于'一词，你又想发表什么意见呢？农夫准备干什么呢？"

学生："正因为不满意，所以才焦急，'终于'想到了'揠苗助长'这个蠢办法。"

骆老师赞赏地说："你说得太好了，由农夫的心理变化到感觉，引起他的思考，最后采取行动。我们根据课文内容，也学着农夫试着'揠苗助长'。想想看，怎么拔苗？"

学生把板凳放到桌子下，弯下身子体验"揠苗"。学生双手使劲"拔"，嘴里使劲喊着，全班学生都动了起来。

骆老师问："拔苗的感受是不是'腰酸背痛腿抽筋'啊？"

学生回答："是!"

骆老师问："读这句话是什么心情？"

学生回答："又累又高兴。"

经验是理性认识的门径和基础。对城市的学生来说，"拔苗"是个陌生的、抽象的概念。如果只是简单地向学生解释"揠苗助长"，学生未必能在头脑中产生具体的表象，当然也就无法深刻地理解、体会作者在此所表达的意思。

骆老师在教学中运用了一些新生词，如"灌水"等，对学生进行层层启发、点拨，关注学生的体验，激活了学生的思维，为情境教学注入了活力，使学生成为一个个头脑灵活、思维敏捷、反应迅速的鲜活个体。

骆老师那抑扬顿挫的语言，像指挥棒牵动着学生的情感之弦，激发了学生的想象与思维，加深了学生的理解和感受，使课堂充满了灵气，学生与教师的距离一下子拉近了。引导学生从一个"拔"字体验农夫的"筋疲力尽""气喘吁吁"，从而理解农夫拔苗后"又累又高兴"的心情，也轻松地懂得了农夫"揠苗助长"的行为是愚蠢的，违背了禾苗生长的自然规律。

## （三）新鲜语言的吸引力

下面我们欣赏浙江小学语文特级教师杨明明在教授《可爱的草塘》一课时的一个片段。

杨老师问："同学们，以前我们曾经一起欣赏过美丽的杭州，雄伟的长城，秀丽的峨眉和滔滔的长江。今天，我们再一次结伴到北大荒去溜达溜达。你们说好吗？"

学生表现得非常感兴趣："好！"

杨老师问："去之前，有没有同学先介绍一下北大荒？"

学生1回答："北大荒位于我国的东北，曾经是个荒凉的地方……现在是个很大的米粮仓。"

杨老师赞扬道："你知识真渊博，你今天也当了一回老师了。今天我从你这里也学到了不少东西，谢谢你！那你能在中国地图上指出北大荒吗？"

学生1指着地图说："能。在这里！"

杨老师说："啊，你真了不起，一下子就找到了！那老师现在想测试一下你们的智商，北大荒都有什么呢？"

学生回答："有草塘。"

杨老师问："可爱吗？"

学生答："可爱。"

杨老师点头："那让我们一起来读一读吧——可爱的草塘。"

学生齐读："可爱的草塘。"

教师的教学语言中不时地出现一两个新生词，在一定的程度上可以拉近师生之间的距离。

杨老师很好地运用了教学语言，一开始就通过"溜达溜达"这样的新生词吸引住学生，拉近了教师与学生之间的距离；后来又运用了赏识性的语言让学生充满自信，敢于大胆发言，从而使整节课气氛活跃。比如，"你知识真渊博，你今天也当了一回老师了。"

每个学生都希望得到教师的赞扬、鼓励。恰到好处的肯定和赞扬美既能拉近师生之间的距离，也使学生更有信心地学习与生活。在这一课中，杨老师总是不断地鼓励学生，让学生充满自信。即使在学生说错了的时候，杨老师也总是积极鼓励，让他有信心再试一次；而成功之后又及时地表扬他们，这样，教师与学生之间的距离能不拉近吗？

### （四）巧妙运用新鲜语言的具体方法

教师在具体的教学过程中，要注意自己的语言是否有新意，在与学生沟通的过程中，要注意这些新生词能否拉近教师与学生之间的距离，使课堂充满活力。

1. 广泛收集新生词，充分了解新生词的意思

教师在课外阅读的时候就要留意新生词这一方面，把遇到的新生词摘抄下来，以备课堂之需。

2. 在使用新生词中发挥教学魅力

我们运用新生词的目的之一，就是要通过这种手段让我们的课堂教学更具魅力。例如，像易中天老师讲三国时，将自己研究很深很透的知识用风趣的解读语表述出来，这其中就有不少是新生词，非常引人入胜，听众都不希望他说出"且听下回分解"的告别语。如果我们在课堂上也恰当地运用一些新生词，就会极大地吸引学生的注意力，增加讲课情趣，使我们的教学更具魅力。

3. 运用新生词要注意度，不能滥用

新生词虽然比较贴近学生的生活，对他们有很大的吸引力，但我们也不要为了迎合学生的口味而无原则地滥用。应根据课堂教学的需要，把握好度，该用则用，不该用坚决不用。

新鲜语言在教学当中运用要经过长时间的练习。教师可以在以后的教学过程中不断去探索、去体会，掌握其中的诀窍，再将这些新鲜语言运用到课堂教学当中，自然而然就会拉近与学生之间的距离了。

# 八、用时尚短语给语言来一点"流行色"

房奴、搞笑、月光族、超女、剩女、学术超男、带病提拔……

"粉丝"不是食品,"钢丝"不是建材,"炒作"不仅限厨房……时尚短语存在于流行音乐、电影、电视、动漫、网络等各个领域,因其喜闻乐见,深受青少年欢迎。例如,大多数学生都喜欢看电视,因为它音画一体、有声有色,能让人觉得轻松,当然也能开阔视野、增长见识。教师可以从看电视当中培养自己和学生的共同语言,并在教学过程中,偶尔说几句流行语,激发学生的学习兴趣。

在课堂教学中适时运用时尚文化,无疑会给教学增添趣味性。作为教师,我们要利用间接兴趣,用新颖的教学内容帮助学生建立积极的情感,从而迁移到学习的对象上。而且在实践中我们清楚地看到,教师只要适当地运用教学形式和手段,让学生在愉快的氛围中学习,就能增强学生对课堂教学的热爱,从而产生新的学习动机和要求,学生的学习能力和思维能力都能得到发展。

教师把"时尚"融入教学语言,不仅能拉近与学生之间的心理距离,而且在无形之中也丰富了教师自己的语言积累。把"时尚"搬到课堂上就让我们的教学语言显得更灵动、更活泼,从而给学生耳目一新的感觉。

其实,只要教师不断地给自己的语言小仓库"充电",并在课堂上与学生真诚交流,教师就能享受到与学生"发球""接球"的畅快,也能实现教师与学生的共同成长。当然,需要注意的是教师绝不可把所有时尚的东西不加选择地搬到课堂上来,不然,轻则"是非不分",重则"误人子弟"。

## （一）时尚流行语要用到节骨眼上

贵池中学的知名教师金光辉在教授《赤壁之战》一课时，在谈及周瑜的年龄要比诸葛亮大这一问题时，说道："事实上，周瑜比诸葛亮年长6岁。这么说吧，当周瑜在孙权帐下执掌帅印的时候，诸葛亮还只是个'待业青年'呢，他可是自学成材的呀！"几句话逗得学生眉开眼笑，课堂上呈现出极为活跃的气氛。

有的教师可以在讲课过程中，根据课文内容，有意识地突破时间的限定，把古代的事物与现代的事物连在一起，并用上流行的话语，借以创设一种轻松、活泼的学习氛围。

"待业青年""自学成材"都是现代生活中人们极为熟悉的词语，时代特色极浓；而诸葛亮则是三国时代的著名历史人物。一今一古，彼此毫不相干，但金老师却出人意料地将其"黏合"在一起，运用当前的流行语，从而形成时间上的巨大反差，强烈的幽默效果也就油然而生了。

## （二）用时尚流行语创设轻松、幽默的氛围

上海市特级教师钱梦龙到南通某中学借班上示范课。由于前来听课的教师很多，场上的气氛显得过于严肃。在讲课过程中，钱老师发现学生极度紧张。

钱老师便临时改变了课前所制定的教学环节，只见他面带微笑，亲切地征求学生的意见："同学们，休息一会，马上回来！我来打个谜语给大家猜猜，好不好？"待学生点头同意后，他说："谜面是——虽然发了财，却夜夜想成才。打一个人名，这个人是你们所认识的。"一个女生举手大声说道："钱梦龙！"话音刚落，场内欢声笑语顿起，钱老师这样运用流行语和幽默，一扫刚才那种紧张得令人几乎窒息的气氛，拉近了教师与学生之间的心理距离。

其实，有的教师在教学过程中，灵活地运用语言，甚至会运用流行的广告语，就产生了幽默效应，使课堂氛围瞬间活跃起来。

一个流行的话语，一句幽默的表达，一个风趣的故事就能够使学生笑声顿起，从而创设一种轻松、活泼的学习气氛，获得较好的教学效果。

## （三）巧妙运用时尚流行语的具体方法

教师的教学语言中夹杂一点流行因素，可以给课堂带来新鲜感，让教学妙趣横生。但是，在课堂教学中，教师也要注意把握好"度"，不能让太多的流行语进入课堂教学当中。以下就是上海市延吉第二初级中学的知名教师厉菁提出的为教师（特别是语文教师）的语言加点流行色的几种常见方法。

1. 引用音乐、电视、电影片段等流行的因素来渲染气氛，加深对主题的理解

这种方法通常可用在阅读教学中的新授课上，或引入或结尾，选择与文章主题相吻合的音乐来渲染情境。用美妙的音乐语言，把学生带入特有的意境中，使学生在音乐的感染下，迸发情感的火花，加深对主题的理解。

例如，在教学卞之琳诗歌《断章》一文时，可用梅艳芳演绎的同名歌曲引入，激发学生的学习兴趣，让学生体会优秀诗歌具有长久的生命力，从而激发其求知欲。

2. 对时尚文化中的优秀作品进行品读分析，把所获得的学习方法运用时尚的语言迁移到阅读教学中

在语文教学中，教师对一些文质兼美的歌词，可用来作为阅读教学的教材，并从这类作品中"诗词"般的语言体会作者遣词造句的妙处。让学生在对流行歌词的品味中掌握类似的文学作品（如诗歌）的写作特色，完成学习的迁移。这样的教学能深入浅出，学生也易学易记。这样运用时尚语言不仅能激发学生的学习兴趣，也可以提高学生对诗歌的分析能力和鉴赏能力。

3. 借鉴流行的电影、电视的语言，运用流行语来吸引学生

由于电影、电视重场景与画面，故在语文课堂教学中用直观的电影、电视场面的画面组合衔接来注释写作中的场面描写与心理描写。

如在《灌篮高手》中，按常规剧中流川枫进攻时持球超过 24 秒属于违例，但剧中却为了表现他当时心理和周围场面，他持球投篮超过了 5 分钟，而观众却丝毫没有感觉到他持球违例。这就是文学作品中常用"心理时间描写法"，使瞬间时间通过场景表现而加长了。这可以让学生通过形象的、直观的教学来学习这样的描写方法。

　　通常一部好的电影，情节曲折，人物形象鲜明，线索清晰。在写作教学中，可以指导学生运用电影结构方式来进行文学创作，突破惯有写作模式，达到创新的目的。

　　例如，观看《英雄》后教师可以运用电影中的语言吸引学生，再让学生学习电影中特殊的各自"讲故事"的串接结构方式；而从《无间道》中去体会双线发展的写作思路，由此拓展自己的写作思维，提高写作能力。

　　我们教师在教学过程当中，可以运用一些时尚流行语来吸引学生，可以通过以上的方法去增强教学语言的艺术感染力，但是要注意适度把握，不能太过泛滥，毕竟教授知识才是主要的目的。

# 第 二 篇

# 说话要讲艺术：
# 掌握方法　激发情绪

教师语言表达的方式与质量直接关系到学生知识生成的效果，关系到学生语言表达能力和综合素质的培养。教育学家夸美纽斯说："教师的嘴，就是一个源泉，从那里可以发出知识的溪流"。在课堂上，有的教师慷慨激昂，声音抑扬顿挫；有的教师深沉浑厚，语言意味深长；有的教师旁征博引，挥洒自如；有的教师风趣幽默，连珠妙语。这样的课堂便能激发学生互动学习的情绪，师生在交流中开启智慧的大门。本章总结了诸多激发学生情绪的方法，如情境激发法、谜语激发法、模仿激发法等，可供广大教师借鉴。

# 一、创设情境烘托氛围——情境激发法

　　创设情境是一种常用的教学方法，目的在于营造一种氛围，以便让学生更好地进入学习状态。

　　一提起创设情境，有些教师很自然地想起相关的辅助器材，比如多媒体教具、教学道具等。事实上，教师仅用语言就可以创设情境，烘托课堂氛围，激发出学生的学习兴趣。

## （一）创设生活情境，加深学生理解

　　河北省衡水中学的王静老师在讲授《硕鼠》这首古诗时，为了使学生加深对古诗主题思想的理解，激发学生对不劳而获的统治者的憎恨之情，引导学生设想两种生活情景："大家想象一下，有这样一位同学，他在班级里横行霸道，唯我独尊，到处欺负同学，把别人买的课外书据为己有，把别人写的作业填上自己的名字，把别人的饭卡抢来自己享用，把别人新买的文具抢来自己用。而你是一个非常老实乖巧，经常受他欺负的人，当你看到他用你的饭卡大吃大喝，用你新买的文具时是什么心情？另外，大家再想象一下，你参加了一个培训班，它巧立名目，收取了很多费用，但当你学完了以后，才发现这个培训班纯粹是为了赚取钱财，你根本就没学到真本事。你的父母都是普通本分的工人，每天早出晚归，寒冬酷暑，辛勤劳作，把省吃俭用省下来的血汗钱双手交给了这个培训班。当沿着父母血汗铺就的道路走出培训班时，你想到了什么？"

　　结果，王老师说完后，课堂气氛一下子就活跃起来。学生一个个义愤填膺，有的联系自己的生活，斥责一些人的不义行为。这时王老师在黑板上写下了课题——《硕鼠》，学生这才恍然大悟，思维很快深入到课文内容，充满激愤地读着"三岁贯汝，莫我肯顾。誓将去汝，适彼乐土"。一节课下来，学生在不知不觉的情感宣泄中理解了课文的内容，并且很快背熟了课文。

创设生活情境能够帮助学生理解比较艰深的教学内容，帮助他们借用生活场景理解课本上的知识，缩短教材带给他们的距离感，从而走进课文，把握主旨。

《硕鼠》是一首古诗，由于文字上的障碍和生活年代的久远，学生理解起课文意思来有一定的困难。正因为如此，王静老师在讲授本课之前，用语言为学生描绘了一个生活场景，用最贴近他们生活的事情举例，让他们能够轻而易举地体会到文中所表达的情感，轻松地完成对本课的学习。

## （二）适当延伸，与教材内容相结合，引导学生参与进来

江苏省苏州市吴中区木渎实验小学的陆静霞老师在教苏教版小语教材第四册《我爱吃的水果》一课时，结合教材内容给学生设立了一个场景。她对学生说："'旺旺'水果大卖场就要开业了，为了扩大影响，提高知名度，吸引更多的顾客，我们要推出几道精品水果，现在特向全市人民征集最爱吃的水果及它们的介绍。你们谁来介绍几种自己爱吃的水果呢？"

听了陆老师的话，一个学生举手说："我推荐香蕉、西瓜。"

另一个学生说："我推荐菠萝、水蜜桃。"

陆老师又问："你们打算怎么介绍它们呢？"

"可以从它的样子、颜色来介绍。"

"可以从它的味道、营养方面来介绍。"

陆老师说："请大家四人一组，组成广告公司，商讨'旺旺'水果大卖场征集的精品水果的介绍，看哪一家公司才华横溢，技压群雄。如果你们的介绍被我们大卖场采用的话，你们公司的所有员工将会成为我们的荣誉顾客，免费品尝所有水果。"

有一个学生说："我们'无敌'公司商定的精品水果是香蕉，介绍词是这样的：香蕉的颜色是淡黄色的，上面还有一个个小黑点，里面的肉是乳白色的，吃起来香香的，甜甜的，香蕉的营养也很丰富。"

陆老师听后，笑笑说："我这里也有一段香蕉的介绍，是我们大卖场员工的集体智慧：'它有着窈窕的身材，弯弯的如月牙一般。喜欢穿淡黄色的美丽外衣，用手剥开外衣，便露出乳白色的果肉来。轻轻咬上一口，呀！真甜，还有着一股淡淡的香味呢！它的营养十分丰富，常食它还能预防高血压，这就是被称为智慧之果的香蕉！'请大家把这一段与'无敌'公司的比较一下，看看有什么不同？"

　　一个学生说："这一段好，它用了打比方的句子，还告诉大家常吃香蕉的好处。"

　　另一个学生说："它用的词语十分生动，如窈窕、轻轻、淡淡。"

　　陆老师说："既然大家觉得我们大卖场的介绍好，那就请大家照着这个样子给你们公司的水果介绍进行修改。"

　　学生听了赶紧动手修改起来，大家共同商量着、讨论着，力求用优美、形象、准确的语言，把水果介绍得"宛在眼前"。

　　有些课文本身就体现了一种情境，我们老师可以作适当的延伸，结合课文内容创设相关的情境，并引导学生参与进来，从而让他们主动地学习。

　　陆老师以教材为基础，用语言创设了情境。她围绕教材的主题，设定了一个水果大卖场，让学生介绍自己喜欢的水果。这样既对教材进行了适当的延伸，又激发了学生的学习兴趣。

　　在整个教学过程中，陆老师很有条理地用语言引导学生，当学生介绍水果的语言比较简单、没有什么突出特点时，陆老师就及时给出了更好的意见，并引导学生进行模仿。在如同真实的场景中，学生运用自己储存的词汇，展开丰富的想象来描绘自己喜欢的水果。这对锻炼学生的语言能力、提高他们的想象力是很有效的。

## （三）创设问题情境，激发学生求知欲

　　湖北省孝感市三里棚学校的胡艳丽老师在教完百分数的应用时，没有仅仅给学生出一些冷冰冰的应用题让他们进行练习，而是给他们创设了一个情境："我想买一台长虹彩电，可就在我逛商场的时候，发现孝感商场里写着

'彩电八折大酬宾'，而孝武商场里写着'彩电一律九折优惠'，你们说我应该到哪家商场去买彩电最划算呢?"

学生一听都来了精神，各抒己见，最后大家达成了一个共识，就是先摸清两家商场彩电的原价，也就是百分数应用题中的单位"1"，然后再计算出彩电卖出的现价，比较一下哪家便宜就到哪家去购买。

学习，应该是学生自主地学，自发地学。用语言创设情境，可以把学生带入熟悉的氛围当中，激发他们动脑的欲望，使他们乐学、好学。

胡老师创设的情境是学生非常容易见到的，因此他们十分感兴趣，纷纷帮助胡老师出谋划策。在这个过程中，学生既巩固了百分数应用题的数量关系，又受到了优化思想的熏陶，体验到数学对生活的价值，从而饱含热情地去从事数学学习活动。这种语言艺术的效果，比死板的应用题要好得多。教师在设计教学语言时，应该尽可能地选用学生乐于接受的内容为题材，激发他们的动脑欲望。

## （四）创设美的情境，激起学生情感共鸣

广东省中山市横栏理工学校的音乐教师林斌，在讲授《梁祝》一课时，用诗一般的语言为学生讲述了"梁祝"的故事。然后伴着悠扬的音乐声，林老师说："和风里，春光里，两只美丽的蝴蝶翩然飞舞于花丛中。看，前面的那只时而轻轻飞去，时而回头观望，深情款款，那就是祝英台吧！它的每个回头的姿势都会让人想起徐志摩的那一句诗——最是那一低头的温柔，像一朵水莲花不胜凉风的娇羞。梁山伯、祝英台，因为有了你们，中国的蝴蝶才会显得如此的多情和缠绵……正是'彩虹万里百花开，蝴蝶双双对对来。天荒地老心不变，梁山伯与祝英台'。"

林老师的声音随着音乐声起起伏伏，优美而富有磁性。虽然林老师说完音乐也停了，但学生的情绪似乎还不能平静，有的学生还即时写下听后的感受。这就是美的情景给学生心灵的净化，是高尚的美感引发的共鸣！

教师优美的语言不仅能描绘出美妙的情境，更能激起学生情感上的共鸣，既给他们以美的享受，又能使他们进入教材内容，做到真正意义上的快乐教学。教师富有感染力的语言，像一支神奇的画笔，能给学生描绘出美丽的画面，使学生的情感被激发，更加主动学习。

## （五）用语言创设情境的具体方法

综合一些优秀教师的经验，用语言创设情境的方法大致如下。

### 1. 联系学生最常见的事情

教师在创设情境时，应该选取学生最常见的事情、场景，使他们产生共鸣。如果叙述他们不熟悉的事情，既达不到激发学生学习兴趣的目的，又要花费时间解释所叙述的内容，可谓得不偿失。

### 2. 联系学生最感兴趣的事情

创设情境是为了烘托课堂氛围，激发学生的学习兴趣，所以教师应该联系学生最感兴趣的事情创设情境。比如，结合时下最热门的话题，结合班级中最近发生过的事情，结合学生经常谈论的内容等。

### 3. 充分结合教材

教师所创设的任何情境都应该是为教材服务的，因此，教师在备课时一定要抓住教材的特点，使所创设的情境与教材内容切合，避免"两张皮"的现象发生，以致给学生不准确、不正确的引导。

### 4. 尽快进入主题

教师在创设情境时一定要尽快进入主题，去掉不必要的铺垫，避免绕圈子。有些教师为了激发学生的学习兴趣，绘声绘色地讲了很多情境，但往往没有集中主题，使所讲内容离主题过远。这样，一旦学生的思路出现教师没有预想到的情况，就很难拉回主题，而且也浪费了宝贵的课堂时间。所以，教师在创设情境时一定要用最短的时间进入主题，避免离题万里的现象出现。

5. 紧抓时代特点

教师在创设情境时，一定要紧抓时代特点。所描绘的情境，应该尽量贴近时代，这样才能使学生产生置身于其中的感觉。有些教师在用语言创设情境时，所描绘的场景过于久远，是学生所无法想象的。这样一来就难以使他们产生亲切感，也不能很好地体会教师所要讲述的内容。

# 二、设置悬念聚焦注意力——悬念激发法

"悬念"作为一种心理活动，是由于对所解决问题未完成而产生的心理不满足。在教学中，教师可以根据学生喜欢刨根问底的心理特点，适时创设一些富有戏剧性的"悬念"，将教学过程转化为学生不断追求、探索知识的心理需求过程。

## (一) 问题高高挂，悬念心头生

某地环城小学的邱蓉蓉老师在教学"年、月、日"时，对学生说："小明今年12岁，他只过了3次生日，你们知道这是为什么吗？"

此问题一出，学生的情绪高涨，对问题产生了"疑"，心里也产生了悬念。邱老师又说："当你们学了今天的课后就知道是怎么回事了。"

邱老师这一句话就造成了悬念，把学生推到了主动探索的主体地位上。学生迫切想知道为什么12岁的小明只过了3次生日，这种知识上的悬念提高了学生的求知欲。当学生通过学习得到答案后，对它的印象就非常深刻。

因此，让学生产生疑问，是设置悬念必不可少的环节。要设悬念，教师就要不失时机地激"疑"，而激"疑"的办法之一就是设"疑"。

## (二) 用悬念设置障碍

同样是环城小学的邱蓉蓉老师，在教学"比较分数的大小"时，先出示了两组题，第一组是"比较1/2与1/3的大小"，第二组是"比较3/7与5/6的大小"。学生很快比较出了第一组题的大小，但在比较第二组题时，学生

发现不知如何进行比较。

邱老师笑呵呵地问："这可要怎么比较呢？"

学生们面面相觑，不知如何作答。

这时，邱老师说："那现在我来教给大家一种方法，学过以后你们再来看看，用我这种方法比较行不行？"

听了邱老师的话，学生一个个聚精会神，想赶紧把这种方法学到手。

有悬念就有障碍，适当的障碍可以让学生产生跃跃欲试的冲动，进而激发他们学习的积极性。

## （三）悬念要有"动感"效果

在学习百分数的应用题后，某数学教师问学生："在一个果园中，有20棵苹果树，24棵梨树，苹果树是梨树的几分之几？梨树是苹果树的几倍？梨树是苹果树的百分之几？苹果树比梨树少几分之几？苹果树比梨树少百分之几？"

这样的问题富于变化，让学生从一个问题到另一个问题，处处是悬念，步步吸引着他们。

这种悬念对教材内容进行有目的、多角度、多层次的演变，使学生逐步理解和掌握此类数学问题的一般规律和本质属性，由此培养学生思维的灵活性和发散性，这不能不说是教师语言的魅力所在。

悬念应该始终让学生感到新奇，而不能只吊起他们一时的胃口，这就要求教师在设置悬念时，语言要富有变化，用不同的方式激疑。

## （四）导入新课时，要有悬念

历史教师薛还开在教学《保卫太平天国的斗争》时，一上课他就说道："上节课我们学习了太平天国定都天京，东征、西征使太平天国达到全盛时期，之后又发生了什么样的变化呢？有资料证明：洪秀全从1853年3月进入天京到 1864 年 6 月身亡，八年中从未迈出过宫城一步，只有一次是坐 64 人抬的大轿去看望生病的东王杨秀清，请问这说明了什么问题呢?"

刚才还有些嘈杂的课堂，一下子安静了下来，学生的注意力都被薛老师的这个问题吸引了，开始思考薛老师的问题。这时薛老师顺势导入新课，学生听得津津有味。

课堂的每一分钟都是十分宝贵的。上课伊始，教师就要牢牢抓住学生的注意力。在此时设置悬念，是让学生把课间活动时的亢奋转变为对课堂内容关注的重要方法。

在课堂开始的时候就设置悬念，让学生迫切地想知道其中的原委，因而注意力也就很快被拉到课堂上，为后面的教学奠定了良好的基础。

## （五）让学生带着悬念去学习

同样是薛还开老师，他在讲《抗日战争的爆发和国共联合抗日》这一课时，在讲授"七七事变"后，讲到国民政府的正面战场时，为学生设置了这样的悬念："第一，淞沪会战最终失败了，原因何在？第二，平型关大捷打败了日军不可战胜的神话，胜利的原因何在？第三，台儿庄战役胜利的原因又何在？"

此时，学生刚刚松懈下来的神经又被调动起来，大家带着薛老师设下的悬念去阅读教材并寻找答案，一节课很快就在这种良好的气氛中结束了。

每一堂课都是一个整体，教师应该使悬念贯穿整个教学过程。让学生带着悬念去学习，通过听教师讲课，逐步解开心中的疑团。

## （六）设置悬念的具体方法

有了疑问才有思索，才能激起学生主动学习的热情。教师应该根据教材内容，抓住学生好奇心强的心理特点，精心设疑、制造悬念，用语言把他们带入一个神秘的境地，使他们处于一种"心求通而未达，口欲言而未能"的不平衡状态，进而引发他们的探索欲望，促使他们主动地参与学习。下面我们就来具体介绍一下设置悬念的方法。

1. 适时激起疑问

疑问能造成学生的心理困惑，引发认知冲突，进而产生好奇心。教师在课堂上适时地用语言激起疑问，可以使学生因疑生趣，由疑诱思，以疑获知。

在教学"体积的意义"时，某中学教师先向学生讲了一个众所周知的"乌鸦喝水"的故事，然后问学生："瓶子里的水并没有增加，为什么丢进石子后水面却上升了？"

该教师的问题犹如一石激起千层浪，学生顿时活跃起来。有的说因为石子有长度，有的说因为石子的宽度，还有的说因为石子的厚度、面积等。就在学生积极地思考水面上升到底跟什么有关时，该教师及时导入新课，并鼓励学生，看谁学习了新课后能够正确地解释这个现象。

这种通过语言设置悬念的方法，打破了学生原有认知结构的平衡状态，使学生充满热情地积极思考，将他们推到了主动探索的位置上。

2. 问话要巧妙

语言是一种艺术，设置悬念的语言则更要讲求艺术性。一个恰当的、耐人寻味的问题可以点燃学生思维的火花。相反，如果教师设疑的语言不够巧妙，则如白开水一样平淡无味，完全不能发挥聚焦学生注意力的作用。

3. 故意示错

在教学过程中，教师故意设置一些学生易犯但又意识不到的错误方法和结论，可以让学生的思维产生错与对之间的交叉冲突，产生悬念，引导他们找出错误的原因。

某校数学教师在教"四则混合运算"时，先出示了一道容易出错的习题：$36-36\div3$。

该教师故意说："$36-36\div3=0\div3=0$。"

当教师说完，有些学生提出不同的意见，认为应该是"36－36÷3＝36－12＝24"，另一部分学生则同意教师的答案。学生分成两派，据理力争。

当学生讨论了几分钟后，该教师顺势引入新课："到底哪种解答方法正确呢？我们学习四则混合运算后，就知道答案了。"

这时，学生的好奇心都被教师的话吸引了，他们迫不及待地想知道，到底这道题的计算过程是怎么样的。

还有一位物理教师在教学"凸透镜"时，故意说："利用凸透镜可以得到一个放大的、正立的像。"

有的学生听了以后马上表示反对，该教师则坚持自己的说法，要求学生拿出事实证据来。此时，"利用凸透镜是不是可以得到一个放大的、正立的像"已经成为了一种悬念，学生有的翻书，有的实际操作，用各种方法证明教师的话是错误的。

在此过程中，该教师只用一句简单的话语就激发了学生主动探究的欲望，这不能不说是语言带来的神奇效果。

4. 设置障碍

要想设置好的悬念，就一定要善于设置障碍。教师要准确把握新知识的生长点，在新旧知识的衔接处设疑置难，利用新旧知识的矛盾冲突创设悬念，促使学生积极思考。

某数学教师在教学"循环小数"时，出示两组题：第一组为 $1.6÷0.25$，$15÷0.15$，第二组为 $10÷3$，$14.2÷22$。学生很快计算出第一组题的答案，可是在计算第二组题时，学生发现怎么除也除不完。

这时，该教师没有直接引入新课，告诉学生解题的方法，而是问了一句："怎么办呢？怎么除也除不完，我们要如何写出商呢？难道要不停地写下去吗？"

这句话就是一种艺术，它没有直白地告诉学生答案，而是在故意设置的障碍处提出问题、制造悬念，这样一来，学生的注意力就转向了困惑之处，他们在学习循环小数时在心中树立了一个目标。

这样特意制造的障碍，以及制造障碍后的提问，都极大地激起了学生的学习欲望。

5. 留悬念

老师在教学过程中要设置悬念，而在一堂课的结尾时，更要留悬念。这可以贯穿学生思维的始终，让他们带着疑问走出课堂，期待下次的学习。

在"毫米、分米的认识"这节课下课前，教师可以提出问题："如果用我们学过的米、分米、厘米、毫米来计量赵州桥到天安门的路程有多远，你们觉得怎么样？"

学生听了纷纷摇头说："不太好量，太长了。"

此时教师可以留下悬念："计量较长的路程有没有更合适的计量单位呢？下一节课我们就来探讨一下。"

又比如，讲《中国共产党的诞生》一课时，教材中有这样一个内容：二七惨案的教训使中国共产党认识到：中国革命的敌人是异常强大而凶残的，仅仅依靠工人阶级单枪匹马、赤手空拳，是无法战胜敌人的。

历史教师薛还开在下课前为学生留下了悬念，他说："'因为工人阶级单枪匹马、赤手空拳'，所以'不能战胜强大而凶残的敌人'，那么工人阶级的出路在哪里呢？怎样才能不'单枪匹马、赤手空拳'而战胜敌人，取得革命的成功呢？请同学们课后预习第六章找出答案。"

教师的这种语言等于在揭示矛盾的同时制造悬念，使学生在掌握本节课所学知识的基础上，又产生了探求新知的欲望，同时可以培养学生独立探究新知的能力。

大量的教学实践证明：在教学中巧妙地设置悬念，能激发学生的学习动机和兴趣，丰富他们的想象力，增强他们的记忆力，完美地体现教学语言的魅力。

# 三、引发思考，答疑解惑——反问激发法

反问是引发学生思考的一种教学语言。反问也叫反诘、诘问，是只问不答，使学生的思考从老师的反问中开始，逐步深入，直至解开心头的疑惑。

## （一）反问，让学生自解疑惑

在教《苏州园林》一课时，有一个学生突然向教师提了这样一个问题："为什么文章说'假山的堆叠，可以说是一项艺术而不仅是技术'？"

教师想了一下，说："因为'艺术'包含着'技术'，'艺术'追求的层次比'技术'更高。文章的意思是说：假山的堆叠，不是简单地放置或黏合，而是要让人觉得有艺术性。联系下文的'或者是重峦叠嶂，或者是几座小山配合着竹子花木，全在乎设计者和匠师们生平多阅历，胸中有丘壑，才能使游览者攀登的时候忘却苏州城市，只觉得身在山间'，我们就知道假山堆叠的艺术追求是让人觉得是真真正正的山。"

尽管这位教师费了很多唇舌解释，也解释得很透彻、很详尽，但仍然有许多学生听得一头雾水，不知其所以然。这是因为学生不是通过自己的探索得到的，没有动脑，也就没有全心投入，教学效果自然不尽如人意。

同样是这个问题，另一位教师的处理方法就完全不同。一个学生问："'假山的堆叠，可以说是一项艺术而不仅是技术'一句中的'艺术'和'技术'能互换位置吗？"

面对学生的提问，语文教师没有直接回答，而是说："这位同学很注意思考，能发现这一问题实在难能可贵。为什么'是一项艺术而不仅是技术'呢？"

学生听了开始窃窃私语起来，相互小声讨论。该教师不动声色地看着学

生讨论，片刻后，开始有学生举手回答问题："我查了字典，'技术'是指有关生产劳动的经验和知识，也泛指操作方面的技巧；而'艺术'是指富有创造性的方式、方法。艺术是以技术为基础的。"

"句子中的'不仅'表明技术和艺术是递进的关系。"

这时该教师给出了一点提示，引导学生进一步思考："大家再读一读下面的句子，想一想假山是怎样堆叠的？设计的目的是什么？"

学生听了教师的提示后想了想说："两个'或者'句告诉我们，如果单讲究技术的话，假山堆叠的时候就会杂乱无章，也不会用竹子花木等配合，就难以让人产生真实的山的感受，而讲究艺术则恰恰相反。"

学生的回答五花八门，各具特色。他们在语文教师的反问中积极求索，通过独立阅读、分析，自己得出答案。这个过程是锻炼学生学习能力的过程，也是知识形成的过程。

在教学过程中，学生经常会提出问题。有些教师面对这些问题的时候，喜欢采用直接解答的方式，把答案直接交给学生。这种做法虽无不可，但没有给学生留下思考的时间，也没有给他们独立解决问题的机会。长此以往，学生容易滋生依赖性和惰性。与此相比，反问则是一种更好的方法，把学生提出的问题再"抛"给学生，引导学生去思考，让他们尝试着自己去解惑答疑。教师的这种语言方式会收到截然不同的教学效果。

通过上面两位教师的语言比较，我们不难看出：第一位教师的语言虽然清晰、明了，但却把学生置于被动学习的地位，没有激发他们主动思考。

第二位教师的语言简约、明了，虽然没有回答学生的问题，却只用了短短几句话就引发了学生的思考，把他们推到学习的主体地位上，让他们自己解答问题。教师语言艺术的魅力由此可见。

有学生对"一枝红杏出墙来"产生疑问：这枝红杏为什么要出墙来？

本来这个问题在诗中说得清清楚楚——"满园春色关不住"，但一位语文教师没有让学生去诗中找现成的答案，而是反问："是啊，这枝红杏为什么要出来呢？大家都来谈谈。"

这一反问激发了学生学习的热情，他们纷纷回答："大概园子里的花太满了，没有这枝红杏玩的地方，它就只好到墙外来了。"

"这枝红杏是想看看墙外的燕子是不是叫得更欢……"

这样的反问不仅让学生自己找到了答案，更激发了他们的想象力，让他们学得快乐，学得轻松。

## （二）利用反问，帮助学生建立思维模式

丹东十四中学的生物教师石晓娜，平时教学中很注意用反问帮助学生建立思维模式。在讲《神奇的微生物——病毒和细菌》一课时，学生学习到生物具有细胞结构的，最简单的都具有一个细胞。在这个前提下，石老师反问学生："有没有不具备细胞结构的生物呢？"

学生根据石老师的反问开始思考，通过查找资料及思考，逐步得到答案。

在讲授《植物种子的萌发》一课时，在学生探究了种子萌发的外界环境条件是需要适宜的温度、一定的水分和充足的空气后，石老师反问道："具备这些外界条件，种子就能萌发了吗？"

这个反问促使学生进行反思。这时石老师继续问："按理说具备了适宜的温度、一定的水分和充足的空气，种子应该萌发，可是为什么有时候种子会不萌发呢？"

这个反问引发学生进行更深层次的思考："种子萌发还需要哪些内在条件？"

这种反问相当于帮助学生建立思维模式，让他们知道应该如何思考，该向哪个方向思考。这样一来，学生在以后的学习中就学会了思考的方式，能够独立学习了。

说话善用反问，不但可以引发学生的思考，更可以帮助他们建立思维模式。此外，有些学生提出的问题可能范围很大，或者要求过高，不是一两节课能够解决的。教师应该帮助学生把暂时无法研究的问题转化为可以研究的问题，让他们知道什么是好问题，什么样的问题值得研究，使学生建立良好

的思维模式。

在教《奇妙的指纹》一课时，老师往往会问"关于指纹我们可以研究什么问题"，学生也往往会提出"指纹有几类""指纹有什么作用""指纹会变化吗""每个人的指纹一样吗"等。

前两个问题可以在课堂上解决，而后两个问题无法在课堂上研究。这时，教师不妨反问学生："每个人的指纹一样吗？你们怎么研究？"

这样的反问让学生明白这是个短时间内无法研究的问题。教师也可以继续反问"那么可以研究到什么程度""小组内四个人的指纹一样吗""怎样研究指纹会不会发生变化"。这些反问可以逐步帮助学生认识到什么样的问题是可以研究的问题，什么样的问题是有价值的问题，从而帮助学生建立良好的思维模式，使他们朝着有价值的方向努力。

## （三）反问是启发式教学的好助手

在讲"政党制度"时，北京市平谷区靠山集中学的张永山老师为了让学生明确中国不能搞西方的多党制这一知识点，向学生提出反问："如果我国是多党制会有什么后果？"

学生通过积极的讨论得出结论，从而加深了印象。

在讲"奴隶社会中，奴隶受剥削的根源是奴隶主占有生产资料并完全占有劳动力"这一问题时，学生都不太明白。张老师则反问："如果是奴隶占有生产资料并完全占有劳动者，会出现怎样的结果呢？"

经过张老师这一反问，学生略思索了一下，便茅塞顿开。张老师由此一步步引导学生解决"地主和农民、资本家和工人间的关系是什么"等一系列问题。

这样的层层反问启发，使学生深刻认识到在奴隶社会、封建社会和资本主义社会中，奴隶、农民、工人受剥削的根源。

启发式教学可以使学生举一反三、触类旁通，而反问则是启发式教学的好助手。适时运用反问启发，可以使学生在思路徘徊时豁然开朗。

合理的、适时的反问，可以从侧面或反面来进行多角度的提问，促使学生消除思维障碍，从而达到教学目的。

此外，教师在运用反问激发法时，一定要注意反问的语气。尽量形成抑扬顿挫的语调，这样才能更好地激发学生学习的兴趣，而这也正是教师说话艺术的魅力所在。

## （四）反问，培养学生的探索精神

某教师给学生上《植物的叶》这节课时，突然有一个学生提出了一个问题："老师，难道世界上真的找不到两片完全相同的叶子？我不相信！"

这时，该教师没有断然下结论，也没有对他的问题置之不理，而是反问他："那你要怎么样才能相信没有两片完全相同的叶？"

那个学生想了想说："我可以找很多各种各样的叶子来比较，如果我找出来了，就说明您说的话是不正确的。"

该教师不但没有生气，反而帮助该学生制订计划，并且从第二天就开始实施。

通过对五六千片叶子进行比较之后，那个学生终于承认真的很难找到两片完全相同的叶子。

这样的反问保护和鼓励了学生的质疑精神，促使他们积极探索，身体力行地去学科学、研究科学。只有这样，学生才能真正变成具有问题意识、敢于探索的人。

反问不仅可以引发学生的思考，更能培养他们的探索精神，使他们爱科学、爱思考。

## （五）反问的具体方法

反问是根据教材和教师所讲的内容，从相反的方向把问题提出，具体来说方法如下。

### 1. 在学生思路顺畅处反问

有时学生的思路过于顺畅并不是件好事，他们很可能忽略了某些问题。在这种时刻，教师可以针对某一点提出反问，让学生本来已经放松的思维再次紧张起来，这有助于排除学生的潜在问题，避免他们出现不必要的错误。

### 2. 在学生思维逻辑混乱时反问

在学习某些问题时，学生的思维很可能出现逻辑混乱。教师在此时提出反问，可以帮助学生理清思路，引导他们跟着教师的提问一步步走下去。这样一来，学生就会在脑海中建立清晰、顺畅的思路。

### 3. 在难点、重点处反问

我们可以在教材的难点、重点处提出反问，这样能够加深学生的印象，使他们对重难点知识有更深的理解。

### 4. 在教师准备不足时反问

学生经常会在课堂上提出一些问题，这些问题有可能让教师一时之间难以回答，如果直接回答"不知道"，就会丧失在学生心目中的权威性。每当此时，教师不妨提出反问，把"烫手的山芋"再丢回给学生，让他们自己去寻找答案，然后教师可以利用课下的时间准备充足，再来解答学生的问题。

# 四、用谜语调动情绪——谜语激发法

谜语是一种特殊的教学语言。在教学中，教师把一些富有哲理性、科学性的谜语，巧妙而恰当地引入课堂，来激发学生的学习兴趣。

这种方法是根据学生的年龄特征来激发他们的学习兴趣的，它既能调动学生的学习积极性，使他们的好奇心和求知欲由潜伏状态转入活跃状态；又能启迪学生的智慧，陶冶他们的情操，使他们的思维和推断能力得到发展。此外，对于活跃课堂气氛、调剂学习情绪也有很好的效果。

## （一）小小谜语助识字

江苏省如皋市郭园镇陈市小学的周荣荣老师，在教学"鲁、倒、晃"等字时，为了帮助学生记忆，设计了这样几个谜语："上头在水里，下头在天空，只问家住哪，老家在山东""只有一人来报到，其余都在睡大觉""上边红日高照，下边光芒万丈"。

这使学生饶有兴致地在谜语中巩固了对字形的识记，同时也加深了理解。

再比如，某教师在教"去"字时，编了这样一个谜语："棒棒插在云上面"；在教"告"字时，编的谜语为"一口咬掉牛尾巴"；在教"春"字时，编了一个"三人同日去看花"的谜语；在教"怪"字时，编的谜语为"加减乘除多一横"；在教"坟"字时，编的谜语为"加减乘除少一点"；在教"美"字时，给学生出的谜语为"大王头上长角"；在教"棉"字时，给学生出的谜语为"一条白毛巾挂在木头上"；在教"射"字时，编的谜语为"身高一寸"；在教"原"字时，给学生出的谜语为"工厂里坐着一个白小子"；在教"碧"字时，给学生出的谜语为"王老师，白老师，一起坐在石头上"……

学生通过猜谜语，很快就识记了这些汉字。

兴趣是最好的老师。对学生，尤其是低年级的学生们来说，有了兴趣，才能主动、愉快地学习；有了兴趣，才能在课堂上发挥主体作用，真正成为课堂的主人。针对学生好奇心强的特点，教师在说话时可以用一些谜语，激发学生的学习兴趣。

用谜语激发学生对汉字的识记，体现了教师的语言魅力。谜语识字既能展现语文课的趣味性，活跃课堂气氛，又能提高识字效果，还能通过对猜谜语的综合分析，培养学生的逻辑思维能力，可谓识字教学中的一个小法宝。

教师不仅可以利用谜语帮助学生识字，还可以让他们自己编制谜语。比如，在学习"强"字时，有一个学生编出了这样一条谜语："看见一只虫，样子实在凶，头上长只口，左边带张弓。"在学"姿"字时，有学生编出了"二女儿"的谜语让同学们猜。

由教师出谜面，到学生自己编谜面，这不能不说是受到教师语言魅力的影响。更值得一提的是，谜语不仅能帮助学生学习汉字，也能帮助学生学习英语单词。

北京小学的张积先老师就善于用谜语呈现新单词，从而给学生留下了深刻印象。

在教"time"一词时，张老师先出谜语："What makes everyone old?"同时利用体态语言帮助学生理解，根据张老师的提示，学生能猜出谜底是"时间"，但是不会用英语说出。借着学生高涨的热情，张老师在黑板上写下"time"，学生全神贯注地投入到学习中，单词轻而易举地就记住了。

因此，教师可以适时地在授课语言中加入谜语，让学生在愉快、活泼的气氛中学习汉字和英语单词。

## （二）用谜语开阔学生的视野

政治教师周梅芳经常搜集一些谜语，以便开阔学生的视野。比如，"默读——心理学（打一学科名称）""最佳演员——优角（打一数学名词）""儿行千里母担忧——离子反应（打一物理名词）""促膝谈心——相对论（打一物理名词）""大河上下——流通（打一商业术语）""顿失滔滔——冻结（打一金融名词）"……

由上面案例我们知道，教师在说话时如果能提供一些知识性较强的谜语给学生，可以让他们在猜谜活动中获取知识，增加信息，开阔视野。这些谜语把相关的知识带给了学生，拓宽了他们的知识面，增强了他们的综合能力。

## （三）用谜语增进师生间的感情

在语言中加入谜语的另一项魅力是可以增进师生间的感情。比如，我们根据班上学生的姓名拟出谜面，满足学生渴望被赏识的心理需要，增进师生间的感情。

周梅芳老师就经常以这种形式和学生互动的。比如，"现代与古代——靳西（今昔）""久旱的大地——潘宇（盼雨）""准备远航——张帆""刘关张结拜之地——陶园（桃园）""千里沃野好风光——田丽""刘邦项羽交锋——王战"……

这样的谜语让学生感到来自教师的关注，能增进师生间的感情，成为他们学好本科目的动力之一。

## （四）谜语激发的具体方法

我们在说话中加入谜语，能调动学生的兴趣，活跃课堂气氛。但是如果谜语过多，也会造成学生的思维疲劳，出现事倍功半的负面效果。教师在说话时究竟应该如何运用谜语，又应该在何时运用谜语呢？具体方法如下：

1. 谜语导入法

谜语导入法能激发学生的思维，充分调动学生学习的积极性和主动性。

湖南省邵东县廉桥镇光陂中学的刘建清老师，在教学《神奇的眼睛》一课时，先给学生出了一个谜语："上边毛，下边毛，中间一颗黑葡萄。"

学生对此表现出极大的兴趣，刘老师顺势导入新课。

浙江省象山县实验小学的许照春老师教学《我的手》导入时的谜语："一棵树，五个杈，不长叶子不开花，会写会算又会画，靠它建设现代化。"

学生很快就猜到是"手"，然后许老师又让学生做一做手的游戏，说一说手的用途，学生不仅对学习"手"产生了浓厚的探究兴趣，同时也体会到手的灵巧，而许老师也很顺利地导入新课。

又如，许老师在教学《流动的空气》一课时，先给学生朗诵了一首唐诗："解落三秋叶，能开二月花。过江千层浪，入竹万竿斜。"

许老师对学生说："这首唐诗就是一个谜语，你们猜猜看，谜底是什么？"

学生通过一句句的分析猜出是"风"，然后他们把"风"这一自然现象和自己丰富的感性生活经验密切联系起来，找到了大自然中风的足迹，对风的认识也逐步加深了。

再如，许老师教《空气》一课时，给学生出了一个谜语："看不见摸不着，无颜色无味道，动植物一刻离不了，看谁猜得准又快？"

当许老师说完谜语后，学生自然进入猜测谜语的最佳状态，有的学生不假思索地说"空气"，有的学生还问："这空气怎么是这样的？动植物为什么离不开它呢？我们人类如果没有空气行吗？"

这个谜语源于学生的生活，是可利用的资源，也是学生科学探究空气的源泉。此时，一种探究科学的热情在学生心中油然而生，他们很快就进入了对新课的学习中。这种谜语导入法不但提高了学生的学习兴趣，还培养了学生合理想象的科学素养。

巴东县官渡口镇长江小学的谭荣老师在教学人教版第二册第21课的《两只小狮子》一课时，先给学生出了一个谜语："说它是虎它不像，健步如飞跑得快，吓跑猴子吓跑羊。"

在谭老师的启发下，学生积极思考、讨论，从而引出课题。

此外，教师在教《蜘蛛》一课时，可先出示谜语："南阳诸葛亮，稳坐军中帐，排起八卦阵，单捉飞来将。"让学生猜谜底，然后导入新课。

还可以通过让学生猜谜语"黑汉本领强，浑身闪闪亮，入炉放光热，工业好食粮——煤""大地冰雪谁融化——太阳能"等，导入新课"矿产资源""太阳能"等。

总而言之，猜谜语是学生感兴趣的活动之一。教师充满神秘的话语，可以让学生精神振奋，对课堂产生浓厚的兴趣。

2. 谜语调剂法

洛溪新城中学的地理教师胡稳辉，给学生讲授长江流经的省市自治区。刚开始的时候，学生都聚精会神地听课，课堂气氛十分融洽。可当胡老师讲到一个段落的时候，发现有一部分学生开始出现精神涣散的现象——或左顾右盼，或无精打采，甚至还有一个学生趴在了课桌上，马上就要昏昏欲睡了。

看来学生开始感到疲惫了，这会极大地影响他们的听课效果的。于是，胡老师灵机一动，对学生说："现在我给大家出一个谜语。"

一听说猜谜，学生来了兴趣，一个个竖起耳朵听着。

胡老师说："谜语是——'船出长江口'，猜一个城市名。提示大家一下，谜底在我刚才讲的课里面。"

这时，学生都陷入了冥思苦想状，不管是左顾右盼的，还是无精打采的，包括那个趴在桌上的学生也都坐直了，大家都在回忆刚才胡老师的讲课内容。

突然，一个学生说："我知道了，是'上海'！"

胡老师微笑着点了点头："对！船出了长江口，不就是到海上去了吗？"

学生一个个恍然大悟，要求胡老师再出几个谜语。

胡老师说："出谜语可以，但是我要先讲完下面的内容，因为谜底都蕴涵在我讲的内容里了。"

接着胡老师继续授课，每当讲到一个段落时，他就给学生出一个谜语，比如"风平浪静——宁波""空中码头——连云港""大言不惭——海口"，等等。

学生被谜语吸引，又振奋精神，重新投入到学习状态中。

对大多数学生来说，45 分钟的课堂很难从头到尾保持高度的热情，他们往往在课上到一半，或是即将结束时感到疲惫，精神涣散。针对这种现象，我们教师可以在教完一个知识点后，给学生出一两条谜语，来活跃课堂气氛，调剂学生的情绪，从而使学生在 45 分钟的课堂上，从始至终都保持着良好的状态。

值得注意的是，我们教师在讲课时不要加入过多的谜语，最好在教完一个知识点后出现，最多一两条。

3. 谜语记忆法

教材中的重点、难点，教师可以将它们编制成谜语，一方面提高学生的兴趣，另一方面也有利于他们记忆。

在讲授"中国的疆域和行政区划"时，为让学生快速记住省会名称，我们可让学生猜一些谜语："一寸光阴一寸金——贵阳""圆规画鸡蛋——太原""夸大话的嘴——海口""带枪的男人——武汉"等。

4. 谜语总结法

在课堂即将结束或给学生上复习课时，我们教师可以将知识编制成谜语，这样既可以提高学生的复习兴趣，又可以帮助他们归纳总结，理清整体思路。

# 五、模仿，秀出精彩课堂——模仿激发法

模仿激发法是指在教学过程中，教师依据自己对文章的理解，通过有声语言或借助一定的道具，用动作、神情等手段，形象生动地表现教材内容，激发学生积极学习的兴趣，激活课堂氛围的一种课堂语言管理方法。课堂上，教师运用模仿组织教学，可以促进学生的身心感受，激发他们学习的兴趣，提高他们的积极性，使其踊跃参与到教学活动中来。

模仿并不是目的，而只是一种手段，一种深读课文，感受语言文字，提高学生阅读能力和表达能力，以及提高教学效果的手段。在课堂上运用模仿激活课堂氛围时，应注意以下问题。

**1. 课堂模仿要符合学生的心理特点**

模仿是一种教学艺术形式，是运用语言、动作、神情等表现手法来调动情感，以最迅速的方式，最生动的形式使信息直接渗入学生大脑的方法。学生由于年龄原因，都好说好动，喜欢模仿，但不同年龄阶段的学生对模仿的需求不同，因此模仿的手法要形式多变，将学生引向一个妙趣横生的语言世界，诱导、激发学生积极的学习情绪。

**2. 课堂模仿不能流于形式**

在教育教学实践中，有的教师由于对文本没有深入地研读体会，或没有进行细致的教案设计，仓促进行模仿教学，产生了事与愿违的效果。这种模仿教学表面上看起来课堂气氛活跃，但只是流于形式，达不到教学预设效果。

**3. 不能滥用课堂模仿激发法**

模仿激发法不是任何课文都可以运用的。一般来说，只有那些故事性比较强，人物形象比较鲜明的文章，才可以考虑运用模仿激发法。

在教学中，只要教师注意了以上这些问题，精心设计模仿教学，定会使课堂妙趣横生，让学生在欣赏惟妙惟肖的模仿表演的同时，深入到课文中，理解文章的深层内涵。

## （一）惟妙惟肖的模仿是活跃课堂氛围的活化剂

江苏省特级教师、连云港市建国路小学校长刘珺就常在课堂上用惟妙惟肖的模仿来激发学生的学习热情。

一次，她讲授《从现在开始》一课。上课伊始，刘老师首先进行了范读，读的时候完全是模仿小动物的语气，如读狮子大王时就模仿出威严的语气，读猫头鹰当林中大王下命令时就模仿出一副高高在上的神气，还有袋鼠下命令时的激动口气。而读到文中的"不得不""叫苦连天""担心"等词语时，就用无奈的语气来模仿，学生听得津津有味，仿佛置身到文中的动物世界里。因此，当刘老师以文中小动物的口气问学生问题时，学生回答的积极性都很高。

如当她以"猫头鹰"和"袋鼠"的身份用失落的语气问学生："你们能告诉我，我没有当上大王的原因吗？"

学生异口同声地回答："因为你只想到自己，没有想到别人，这是不应该的。"

就这样，整节课上，学生都很投入，课堂气氛活跃。

从中我们可以看出，刘老师对课堂的设计很用心，对特定年龄段学生的心理、生理特征，以及他们的兴趣都有深入的了解，所以在课堂上她的模仿教学很成功，有效激起了学生的学习兴趣。

兴趣是学习最好的老师。布鲁纳说过："学习的最好刺激是对所学材料的兴趣。"要使学生愿学、乐学、爱学，激活课堂学习的良好氛围，教师首先要调动学生的学习兴趣。这一点，对于低年级学生尤为重要。

课堂惟妙惟肖的语言模仿就为低年级学生创设了一种轻松、活泼的学习氛围，使原本"静"的课堂"动"了起来，使原本"死"的课堂"活"了起来。所以刘老师的模仿教学深受学生喜爱。

## （二）创设模仿情景，掀起课堂学习高潮

在教学《颐和园》一课时，由于这是一篇游记文章，因此刘老师决定举行一个模仿旅游活动。自己来当导游，全班学生作为旅游团成员。

开课后，刘老师戴上一顶旅游帽，手拿一个无线扩音话筒和一面三角小红旗，将课文改变成了导游词，指着投影屏上依次出现的颐和园景点，一一向学生介绍。

她模仿得惟妙惟肖、生动有趣，看起来很像一名有经验的导游。她的导游词，也改写得非常到位。

听着刘老师准确、逼真的景点介绍，学生情绪高涨，也学着旅游人员的样子，不时地向"导游"提出问题。"导游"解答得也非常准确，而且语言很有鼓舞性，这更加激起了学生的热情，课堂气氛达到了高潮。

再如，学习《新型玻璃》一课时，刘老师先让学生自读课文，然后将玻璃拟人化，模仿玻璃的语气"自述"特点和功能。学生对这一新奇的课堂教学方法充满兴趣，兴致盎然地倾听刘老师的述说，课堂情绪激昂。

创设情景，模仿表演对话，为师生之间的良好互动提供了机会。教师惟妙惟肖的模仿不仅能激发学生的学习积极性，掀起课堂学习的高潮，还能开发和挖掘学生运用语言的潜力，激发他们创造性运用语言的能力。

在以上两个教学片段中，刘老师采用的都是模仿教学法。《颐和园》一课中，刘老师模仿的是导游的语言和动作。将旅游活动搬到课堂上来，本身就引发了学生强烈的好奇心，让学生感到兴趣盎然。再加上刘老师惟妙惟肖的讲解和演说，更让课堂充满了吸引力。因此，学生上课的情绪非常高，气氛热烈有序。而在《新型玻璃》一课，刘老师以拟人化的方法作"玻璃自述"模仿演说，将枯燥无味的说明文变得生动形象，拉近了学生与教材之间的距离，使学生对新型玻璃产生了认同感，从而更加深入地理解了课文知识。

可以看出，刘老师是运用语言模仿教学的高手。她对课堂上的模仿语言掌握得非常到位，不但很好地控制了课堂秩序，而且激发了学生的学习热

情，活跃了课堂气氛，提升了教学质量。

## （三）语言模仿激活课堂氛围的具体方法

生动有趣的语言模仿可以极大激发学生的学习积极性，活跃课堂气氛，因此教师应善用之。那么，通过模仿激活课堂氛围有哪些方法呢？

1. 单纯的有声语言模仿激发法

在教学《狐假虎威》一文时，有位教师诵读课文，对于不同的动物给予了不同的语言特色。比如，狐狸在说话时，就用尖声尖气的声音；而老虎说话时，则用低沉粗犷的声音。学生听得聚精会神，一会儿哈哈大笑，一会儿万分紧张，完全被教师精彩的模仿给吸引住了。

这种单纯通过语言的魅力来激发学生积极性的方法，需要教师有很强的语言表现力，不同的角色用不同的语音、声调，用惟妙惟肖的表演使学生迅速进入课文情境之中。

2. 有声语言与肢体动作结合的模仿激发法

在教学《小猴子下山》一课时，某教师一边用生动有趣的儿童语言阅读课文，一边用肢体表示小猴的动作，如用手"掰玉米""捧桃子""抱西瓜"，假装把东西放在肩上"扛着往前走"等。这样，一年级的小学生在兴致盎然地倾听和观看老师模仿表演的同时，也区别了"掰""捧""抱""扛"等不同的动作，对词义加深了理解，大大提高了学习兴趣。

这种方法就是指教师在用惟妙惟肖的语言进行叙述的同时，再加以形象的肢体动作进行辅助。这样能更好地吸引学生的注意力，更好地调动课堂气氛。

3. 有声语言与多媒体结合的模仿激发法

有位英语教师在课堂上常放录音给学生听，然后模仿录音或电影中的精彩对话，用流畅、自然的语言，略加一些小动作（如果有条件的话，再配上一些小道具）生动形象、逼真地再现录音或电影中的场景，以此激起学生学习英语的热情。

随着多媒体走进课堂，教师可以充分利用多媒体超越时空限制的特点，进行惟妙惟肖的模仿表演，使课堂教学变得生动、活泼，感染力强，让学生产生身临其境的感觉，从而提高学习兴趣。

通过这种有声语言与多媒体结合的模仿表演，我们教师可以把"死的"知识重新回归到"活的"现实中，拉近教材与学生之间的距离，激发出他们的求知欲，增加他们对知识的感性认识和理解。

4. 师生共演模仿激发法

在英语课上，一位教师采用的就是这种师生共演模仿法。他先给学生放录音，然后和学生一起来模仿录音和电影中的人物对话，一人担当一个角色。参加的学生都十分投入地和教师共同模仿表演，台下的学生也看得津津有味，整堂课学习氛围非常浓。

这种方法对激发学生的课堂积极性非常有效。因为学生都好动，表演欲强，模仿表演会让他们感到兴奋，而为了模仿得生动形象，他们也会更加认真地理解文章，学习劲头十足。

把惟妙惟肖、生动有趣的模仿表演引入课堂教学，给课堂平添了许多生趣，使学生参与课堂的积极性提高，教学质量也提高了。

课堂教学中的模仿表演与电影舞台表演毕竟有所不同，课堂上无论是教师独自或是师生共同的模仿表演，始终都是为教学服务的。

因此，我们教师在模仿表演的时间和分寸上要适度把握，语言要到位，让学生在享受乐趣的同时真正学到知识。

# 六、读出感情，读出感动——朗读激发法

朗读是对作品进行的一种再创造，也是一种最基本的教学手段，特别是在语文教学中。一篇文质兼美的文章，其优美的文字，流畅的语言，精深丰富的内涵，往往只有通过反复的朗读才能体味得到。

教师不但自己要在课堂上读起来，更应让学生在课堂上读起来。对那些富于情韵、语言优美的作品，通过朗读，把文学性透彻地表达出来，使书面、静态的字句充满动感，将学生的情绪带进课文的意境之中，激活课堂氛围。

朗读是一篇课文入门的基础，是激发学生的学习兴趣、激活课堂氛围的重要手段。教师在讲析课文之前的范读，特别是声情并茂和抑扬顿挫的范读，很容易激起学生对这篇文章的阅读兴趣，为他们初步了解文章的内容，体会文字蕴涵的感情打下基础。

另外，我们教师还可以通过自己的范读，来指导学生有感情地朗读课文，以激起学生与文章作者之间的情感共鸣，使学生在字、词、句、段的学习和听、说、读、写的训练过程中，深刻地领会作者写作的意图和情感。

在朗读课文时，不管是教师范读，还是指导学生朗读，抑或是师生共读，都必须尊重作品的原味。依据内容的段落、词句所包含的主旨与情感，恰当地运用语言技巧，以优美的节奏，高、低、轻、重、强、弱、快、慢的音调，把作品的意思、语气生动地表现出来，使听者在声声入耳的同时产生赏心共识的感受，引起共鸣。

英国哲学家培根说过："读书足以怡情，足以博才，足以长才。"声情并茂、规范标准的朗读，不但可以给人以美的艺术享受，还可以在声音的配合下，通过眼、口、耳、脑的同时并用，使学生因为融入感情、激起自身的情趣而更好地理解课文，掌握字、词、句的结构，陶冶情操。

## （一）给学生以美的享受，激发积极情感体验

课堂上，教师通过声情并茂的朗读，给学生以美的享受，从而激发出积极的课堂学习。

### 1. 让学生体验到文章的意境美

语言本身是抽象的、逻辑而没有感情的，但作者在创作时投入了很深的感情，所以，教师在课堂上，要充分投入到课文当中，读出感情，使学生"看到""听到"作者所描写的事物，感受作者所创造的意境美。

老师优美的朗读是一种有声语言艺术，也是引导学生进入文章的一条途径。在读和听的过程中，学生可以感受语言的优美和谐，揣摩作品的艺术境界。

### 2. 让学生体验到文章的情感美

朱自清先生的《背影》，写出了父子间的挚爱。有一位教师用平和深沉的语调读出了作者心底所蕴藏的奔涌的感情。而在这平实质朴的朗读声中，学生立刻感受到了父爱的温暖与伟大，似乎看到了一位父亲伟大的背影。这个背影也许同时幻化为他们自己的父亲的身影，人间真情无须教师多言。

现行的语文教材，文质兼美，抒情性较强，如果教师有感情地投入朗读，学生就能很好地领略文章蕴涵的情感美，丰富自身的情感体验，激发出积极的学习兴趣。

### 3. 让学生体验到文章的音乐美

在教学《故都的秋》一课时，河北省正定中学的语文教师高倩首先以低缓的声音对课文进行了范读，并配以旋律舒缓而略带感伤的古典音乐《妆台秋思》。学生很快感受到了文中弥漫着的感伤情绪，甚至有些学生情不自禁地跟随高老师朗读课文了。当高老师要求学生自由朗读时，琅琅的读书声立刻在教室里奏响。

优美的文章感情真挚、意境深邃、内涵丰富，在形式上富有音乐美。通过教师声情并茂的朗读，可以展示这些美文内在的韵律，从而使学生更好地理解文章，感受文章的音乐美。这在诗歌教学中尤为重要。

4. 让学生体验到文章的含蓄美

含蓄是指用少量的、具体的、可感触的艺术形象，来表现丰富的生活内容和思想感情，把诗意藏在富于概括性和内涵丰富的形象中，以瞬间表现永恒，以有限传达无限，给人以推理和想象的广阔天地。所以，教师在课堂教学过程中，特别是在教学诗歌时，要通过声情并茂的反复朗读，让学生更好地品味文章中隽永的意境，深厚的蕴涵，从而激发学生的学习兴趣。

课堂上教师声情并茂的朗读，可以令教师和学生一起通过语言走向作者，与作者对话，在心灵的碰撞中获得情感的共鸣。

## （二）激发学生的想象和情感，使其充满表达欲望

在教学古诗《小池》一课时，北京清华大学附小副校长、特级教师窦桂梅抑扬顿挫地朗读诗文，而且反复朗读最后一句"早有蜻蜓立上头"。在这抑扬顿挫声中，窦老师读出了蜻蜓的可爱和俏皮，学生随着窦老师有感情的朗读很快进入古诗意境之中，并随着窦老师的朗读开始摇头晃脑地轻读，想象着蜻蜓飞到荷叶上来的样子。

这时，窦老师趁机问道："同学们想象一下，蜻蜓飞到荷叶上来干什么呢？"问题一出，就激发了学生的积极性，大家争相发言，表达想法："蜻蜓飞累了，到荷叶上休息一会儿。"有一个学生更有想象力，他说："蜻蜓在空中飞呀飞，它看见新长出来的荷叶太寂寞了，飞下来和它交个朋友，聊聊天。"此时，课堂气氛活跃，学生学习的兴趣很浓。

而讲授《再见了，亲人》一课时，由于本文是一篇感人肺腑、催人泪下的抒情散文，因此窦老师在朗读时，一字一句读得缓慢而低沉，字字有声，声声有情，使学生受到了很大的感染，深刻体验到了主人公小金花内心的沉痛，仿佛看到小金花用充满愤怒的声音喊道："妈妈，这个仇我一定要报！"在充满想象的情感中，学生全身心地投入课堂学习中。

教师在教学中，像窦老师那样，以声情并茂的朗读创设浓厚的教学氛围，能激活学生的想象力，唤起学生的情感，迅速调动他们的学习兴趣。

在教学过程中，很多教师都经常用朗读来激发学生的想象力和情感，调动课堂氛围。

在教授《周总理，你在哪里》一课时，上海市实验学校语文特级教师徐红首先怀着无限深情范读了这篇课文。徐老师感情真挚的朗读，让不少学生潸然泪下。学生在徐老师的范读中仿佛看到周总理在祖国的大江南北视察，在工厂、农村、军营辛勤指导工作，日理万机，到处奔忙。

没有只言片语的讲解，学生就被教师的范读感染，从而领悟到诗歌表达的对总理的深切怀念和热情赞颂之情。如果没有朗读的感染，只是教师烦琐的分析讲解，学生恐怕很难领悟到课文中所蕴涵的那种深厚的思想感情。

所以，教师要运用情感语言诱发学生的积极情绪。只有激发学生的想象和情感，才能把学生引入课文描述的情境之中，在朗读中充满表达的欲望。

## （三）朗读激活课堂氛围的具体方法

朗读是激活课堂氛围、激发学生积极情绪的一种很有效的方法。那么，教师怎样朗读才能以情带情，感染学生的情绪呢？

### 1. 声情并茂的范读激发法

有一位教师教授《狐假虎威》一课时，就是通过范读激起学生的兴趣的。这位教师刚一读课文就立刻进入了角色，读得声情并茂。当读到狐狸对老虎说"老天爷派我来管理你们百兽"这段话时，由于伴以传神的面部表情和得体的形体动作，把狐狸吹牛、撒谎蒙老虎的语气和神态表现得淋漓尽致。学生聚精会神地听着教师读课文。随着他抑扬顿挫的声音和语调，情感一起一伏，课堂情绪被调动起来。

教学《青蛙看海》一课，一位教师在范读时，既读出了苍鹰对看海必须登上山顶的肯定，又用活泼的语气读出了小松鼠的可爱。教师这种准确而有感情的范读，使学生对课堂学习产生了浓厚的兴趣。

要想通过朗读这种复杂的语言艺术来调动课堂气氛，我们教师自己首先要进入课文角色，挥洒真情，把课文中无声无情的文字变成有声有情的语言，使课文语言如出我心，以此来感染学生，激发课堂良好的气氛。

美国语言学家发现：人们谈话时，35％的内容是靠单纯语言表达，65％是靠伴随语言（主要指面部表情及手势等动作）表达。可见，讲话者的伴随语言在表情达意方面的作用是多么巨大。讲话如此，朗读当然也不例外。

2. 引读激发法

讲授《松坊溪的冬天》一课时，引读第一段第3～6节，有位教师第一次是这样引读的：

师引：这是一条多么好的溪涧。生接读——

师引：溪中有什么？生接读——

师引：溪底有什么？生接读——

师引：溪水怎么样？生接读——

师引：听见桥下的溪水声……生接读——

还是上面这段课文，第二次引读则是侧重引导学生领会课文的描写方法，又是这样引读的：

溪涧好在哪里，让我们再一起读。

师引：这是一条多么好的溪涧。生接读——

师引：那溪石多么好看。生接读——

师引：那鹅卵石多么好看。生接读——

师引：那溪水多么清。生接读——

虽是同一段课文，甚至是同一种方式，但学生仍读得兴趣盎然，课堂气氛非常活跃。

引读就是由教师读上句，学生接下句的朗读方法。包括提示式、插问式、添词式，各有所长。

3. 领读激发法

领读也就是由教师带领全班学生一起朗读课文，共同感受课文的意境，体会文章的情感。

教师可以先标出停顿符号，然后带领学生一起朗读。学生随着教师那有节奏的朗读马上进入了诗歌的意境之中。

为了更好地在课堂上通过朗读调动起学生的积极情绪，我们教师在朗读时需注意以下几点。

（1）字正腔圆，语音规范

所谓字正，就是吐字清晰，发音准确，合乎普通话要求；所谓腔圆，就是要读得流利自然。这就要求教师在备课时，反复研读课文，把握准课文的内容重点和感情变化，力求范读时做到读音准确，节奏适当，吐字清晰、响亮。

（2）确定朗读基调

朗读基调，是由贯穿全文的情感色调决定的。不同的文章有不同的朗读基调，比如有的低沉缓慢，有的轻快明亮。要确定朗读基调，就要分析课文的思想内容、感情色彩及作者的写作意图。确定朗读的感情基调才能读出感情，使学生受到感染，从而收到良好的教学效果。

（3）读出抑扬顿挫的语调

要从句子内容出发，确定语调的处理手段。所谓语调，就是表达思想感情的抑扬顿挫的调子。其内容比较复杂，一般说来，主要包括重读、停顿和语气升降等几个方面，教师在朗读时要读出抑扬顿挫的语调。

声情并茂、抑扬顿挫的朗读可以有效感染学生的情感，激活课堂气氛，教师要多加运用。只有读出感情，读出感动，才能激发学生的积极情绪，增强教学效果。

# 七、把抽象概念具体化——具象激发法

不论哪门学科，其逻辑结构、知识体系都是遵循客观存在规律的，往往是字字千钧、不可更改。这就要求我们教师在教学语言上要严格要求自己，不能乱用词语，不能违背教学的客观规律。

很多学科中的概念只是一字之差，但意义却相差甚远。比如，物理上的"速度"与"速率"，前者是矢量，既有大小，也有方向；后者是标量，仅仅指大小；再比如，力臂是指"转轴到力的作用线之间的（垂直）距离"，而不是指"转轴到力的作用点之间的距离"。这些例子都要求我们教师在语言的科学性、准确性上要特别注意。

另外，自然科学的性质也要求我们注意语言的逻辑性。比如，在讲《光的反射》时，我们不能说"入射角等于反射角"，而应说"反射角等于入射角"。因为反射角的大小是由入射角的大小决定的，两个角之间具有因果关系。

在不违背科学性、逻辑性的前提下，我们应尽量用学生容易掌握的语言来描述学科规律，把一些抽象问题具体化，提高学生学习自然科学的兴趣。

比如，我们在物理教学中可以穿插一些时尚用语，激发学生的学习兴趣。如在讲关于"有效利用能源"这一节内容时，我们可以给学生引用这样一则广告：科学家预言，地球将越来越热，只要您拥有春兰空调，春天将永远陪伴着您！顺便给学生分析一下地球为什么会越来越热，简单介绍一下空调的制冷原理，让学生知道，物理现象就发生在我们周围。

通过一些具体的容易被感知的事物，我们可以让学生认识到：自然科学知识是非常有用的，而且在身边就可以应用。这样就能提高他们的学习兴趣，增强课堂效果。

那么，我们教师如何才能把抽象语言具体化呢？

## （一）化抽象为具体的语言应用艺术

浙江省特级教师刘永宽在课堂教学中善于运用直观生动的语言进行教学。

一是运用打比方的手法。如讲"电流"概念时，他用水管流水打比方；讲"电容"概念时，他就用"容器"的大小打比方。

二是运用生活中的真实事例来进行知识的描述。如讲"蒸发吸热时"引入夏天扇风为何凉快；喝开水时用嘴吹气时，开水不烫嘴；打针时，涂酒精的皮肤就会觉得凉快等。

三是用成语或诗词来进行直观生动的传授。他在讲"机械运动"时，用"小小竹排江中游，巍巍青山两岸走""两岸猿声啼不住，轻舟已过万重山"；在讲"声现象"时，用"闻其声不见其面"；在讲"光学"时，用"池水映明月""潭清疑水浅"等。

例如，刘老师运用语言技巧，化抽象为具体的教学案例举不胜举，在讲波的图像和振动图像的区别时，他把波的图像比喻成班级同学拍一张集体照，"咔嚓"一下，不同的学生同时被定格在不同的位置。它不会随时间的改变而改变，每个学生相当于一个质点。而振动图像相当于一个学生在不同时间拍的生活照，时间不同，情形不同。

还有就是在讲"右手定则"时，他采用割韭菜的例子进行类比：将刀尖指向、刀刃切割方向、韭菜直立方向分别比喻作感应电流方向、导体运动方向、磁感线方面，不但讲明了电磁感应中三方向之间的两两垂直关系，而且增强了学生对物理知识的形象理解。

在描述正、负、等量同种点电荷、等量异种点电荷周围的电场线时，他这样说：光芒四射、众矢之的、势不两立、携起手来。在演示磁铁与铝环相对运动的实验时，他就引用了李商隐的诗"相见时难别亦难"，对竖直上抛运动戏称"吾将上下而求索"。在讲解"机械波传播"时，说介质中的质点振动并不"随波逐流"。

从刘老师的课堂教学中我们可以看出：运用恰当的语言技巧，就能够把抽象的知识转化为直观、生动、形象、具体的图景，收到较好的教学效果。

因此，我们教师在课堂教学中要勇于探讨、研究，学习掌握课堂教学的语言技巧，不断地丰富自己的课堂教学语言的知识宝库，做到随机应变、运用自如，把抽象的知识用学生喜闻乐见的方式描绘出来，增强他们的兴趣，加深他们的印象。

如果我们的教学只是从概念到概念、从规律到规律，那么很多知识是很难被学生理解和掌握的。但是，如果我们教师能够像刘老师那样做到语言的简约明了、形象生动，同时辅之以身体语言，再通过恰当的举例、确切的比喻和鲜明的对比等手法，化抽象为具体帮助学生建立新旧知识的联系。这样，学生就能够更好、更快地顺应、理解、掌握新知识，能更容易地牢记和应用知识。

具体化教学能很好地引导学生，把学生的思维集中到研究对象上来，不断地诱发学生思考。当学生把"问题链条"弄清楚了，所学知识也就明白了。

## （二）走出语言抽象化的误区

### 1. 以观察和实验实现认知具体化

一些老师在语言上缺乏严谨性，常常会给学生的认知带来错误。例如，有的物理教师将"物质的密度"讲为"物体的密度"。很显然，这是不科学的。因为密度是物质的一种性质，物质不同，密度一般不同。这样抽象的讲解，会让学生产生"密度是物体的一种性质"，"物体"不同"密度"不同的错误认识。

我们知道，物理是一门以观察和实验为基础的自然科学，教师要想让学生对所授知识有一个清晰、具体的把握，除了仔细推敲自己的语言，力求准确之外，还应该尽量多让学生去观察、去动手实验，以此来增加感性认识，用直观形象的具象来加深他们的理解。

### 2. 摒弃死记硬背

在涉及一些重要的概念和规律时，我们有些教师就会情不自禁地要求学生课后将其记住，最好背诵下来。这样一来，部分学生便会毫不思索地将其"记"下来，而不注重理解和应用。这样，虽然培养了学生的记忆思维，但却忽视了对学生应用知识解决实际问题的能力的培养。这种抽象记忆法是学生学习上的一大禁忌。

比如，一位学生能将能量的转化和守恒定律熟练背诵，但要他判断"一个小球从空中自由下落，不计空气阻力，小球的机械能是变大、变小还是不变"时，他便束手无策了。

怎样改变死记硬背的做法呢？

教师在教学过程中的主导作用，主要强调教师的教学语言在很大程度上要具有启发性和引导性。要通过一些具体事例，去引导学生的思维倾向和学习方法，使他们能把抽象的概念和规律，转化为可以理解和应用的能力。

3. 用形象的比喻和趣味性增强具体认知

对于把抽象的概念具体化，我们还可以用形象的比喻提高趣味性，从而提高学生的具体认知。比如：

对欧姆定律"导体中的电流与导体两端的电压成正比，与导体的电阻成反比"的讲解，我们可以采用找"主干"，添"枝叶"，加"限制"，明"条件"的方法对学生加以分析，加深他们的理解与把握。

首先找主干：电流跟电压成正比。其次，添枝叶加限制：电流是导体中的，电压是导体两端的，电阻是导体本身的；

然后明条件：欧姆定律只适用于同一导体或同一段电路。这样一来就可以增强学生对定律的理解。

这样，学生对欧姆定律的理解就会具体而形象了。再比如，学生对"原子的结构"并不熟知，但我们可以作如下比喻："原子就像桃子"，桃核相当于居于原子中心的原子核，果肉相当于核外的电子。这样一来，学生便可以借助桃子这一学生熟悉的"模型"，去理解抽象的"原子核结构"了。

教学中语法和修辞的适当应用，是增强知识的形象性和趣味性的重要手段。如果我们将教学与语法和修辞完全割裂开来，将会大大影响教学效果。

每一次成功的课堂教学都是一种艺术的创造，而这种艺术需要我们用教学语言来展示。教师的语言水平不是天生就很高超的，而是需要通过教学实践来不断锤炼。

## （三）把抽象语言具体化的方法

教师的教学水平由知识水平、教学方法和教学语言三个主要因素决定，三者缺一不可。因此，提高教学语言水平值得我们每一个教师重视。我们教师在精心钻研教材的基础上，平时还应该注意多加强语言文学修养，关注一些生活细节，在讲解一些抽象的概念时，尽量用一些学生容易感知的具体事物呈现出来，使课堂教学得心应手，妙趣横生。

1. 善于联想，使抽象概念具体化

抽象的定理定义等概念性知识是客观存在的，我们必须要严肃地对待它，但让学生干巴巴地接受，就有可能达不到教学效果。让这些知识具体形象起来的途径之一，就是利用丰富的联想力，把此知识和彼事物联系起来，通过具体直观的事物，让学生轻松感知、理解和把握。

2. 广泛阅读，增加形象积累

教师平时要大量地、有目的地阅读有关报刊、杂志，注意搜集、积累一些具体形象的素材。如阅读散文、小说、诗歌、科普读物等，从中搜集、积累与学生联系密切的，又有一定科学价值的素材。另外，在日常生活中注意观察与学生生活紧密相关的一些学科问题，通过科学、合理的具体化，使之成为可利用的学科材料。

3. 善于钻研，勤于思考，提高自身素质

教师除了要学习本科知识之外，还应学自然辩证法、教育学、心理学、语言学、逻辑学等学科，并将它们的思想方法与教学实际相结合，从而提高自身的理论修养。只有我们教师的素质提高了，才能使课堂语言表达更加生动、准确、条理清楚，富有哲理性和感染力。

4. 把赞美落实到位

教师在课堂教学中对学生进行感情的投资，把爱心、尊重、微笑、激励带进课堂，创设一个宽松平等的学习环境，非常有利于师生之间的互动、交流与合作。

教师的情感对学生有直接的感染作用，教师的情感语言应建立在心理相容和情感共鸣的基础上。这就要求教师的课堂教学语言要富有情感，根据课堂教学的实际情况运用语言技巧，创设轻松、和谐的情境。

　　如课堂上学生提出具有新意的问题时，教师应面带笑容，满怀喜悦地表示赞叹"你提的问题很有探究价值"，或者说"你提这个问题很好，感谢你提出一个我没有想到的问题"。

　　当学生发现新问题，或解题的方法很有创意时，我们不妨赞扬："太棒了，你真了不起""你肯动脑筋，你的想法有独到之处"，等等。这些富有感情的赞美，会使师生间的感情和谐，能充分激发学生的学习兴趣，使学生主观能动性得到充分发挥，信心足、热情高，学习效率自然就提高了。

　　抽象的知识，总会给学生一种空洞的、看不见摸不着的感觉，容易让他们丧失学习的兴趣，产生逃避心理。教师应该努力转化抽象知识，让它们以学生容易接受的"面孔"出现，从而提高教学效果。

# 八、化枯燥为生动——趣味激发法

　　每位老师都想让自己的课堂出现这样的教学情境：教师讲得有趣，学生学得有味，让学生有"唯恐聆听之不周，不知铃声之既响"之感。要想达到这种境界，需要我们教师具有独特的语言艺术魅力。

　　课堂教学是实施素质教育的主渠道，而教师良好的教学语言艺术是提高课堂教学质量和效率的重要保证。可以这样说，在整个教学过程中，语言艺术是灵魂，只有在良好的语言艺术的基础上，我们理想的教学效果才能得以实现。

　　要想达到这样的效果，我们要做到：时刻注意增强语言的趣味性，让学生一字不漏地专心听讲。

## （一）给枯燥的知识添加趣味元素

　　江苏省溧阳市戴埠中学的知名教师汪德富在讲授《碳的单质》一节时，为了使学生迅速地了解金刚石和石墨这对同素异形体的特性，采用了拟人化的描述：

　　"同学们，金刚石和石墨虽为同胞兄弟，但性格差异却很大。金刚石生就一副钢筋铁骨，是著名的硬骨头。它所向披靡，无坚不摧，久经磨砺，形象灿烂夺目，应该成为你们学习的榜样。而石墨天生柔软，遇事奸猾，形象暗淡无光。但它们毕竟是同胞兄弟，如果多给石墨以温暖的压力，再辅以催化教育，它是会转变为金刚石的。所以，石墨就像我们某些后进生，只要我们加以帮助，它是很有提升潜力的。"

　　汪老师做完镁带在空气中燃烧的实验后，将实验现象编成五言绝句："上冒白色烟，下落白粉末；耀眼强烈光，释放大量热。"简洁的四句话将实验现象概括得形象、生动、具体、完整。

在讲解酸、碱、盐溶解性表时，他又总结说："钾钠铵盐个个溶，硝酸盐类也相同，硫酸盐除去钡和铅，盐酸盐除去银亚汞，其余几乎都不溶。"这样，把复杂的图表用押韵的诗词概括，不仅易记而且增趣。

在讲解化学方程式时，他这样总结："关系式，关系量，这是根据不能忘；已知未知是条件，条件对准关系量，根据比例列方程，求得未知写答案。""一价钾钠氢氯银，二价氧钙钡镁锌，三铝四硅五价磷……"这样的例子举不胜举。

汪老师巧妙地运用了修辞法进行知识讲解，并对学生展开思想教育，希望学生在今后的学习生活中，像金刚石一样具有无坚不摧的精神，谱写光辉灿烂的人生。这样变枯燥为生动的讲解，让学生在掌握知识的同时，又接受了思想教育，可谓"一箭双雕"，完美体现了教学语言的魅力。

从汪老师富有趣味性的教学语言中，我们可以看出：这种趣味性的语言可以在很大程度上吸引学生的注意力，也能最大限度地发挥课堂教学的魅力，达到良好的教学效果。所以，巧妙运用趣味语言，可以使我们的教学取得事半功倍的效果。

要使学生在课堂教学中领会要点，获得清晰正确的概念，就应该对我们的每一句话仔细推敲，力求准确精练外，还要有一定的趣味性。这样才能保证学生全神贯注地听讲，对学生表达能力的培养，严谨治学作风的形成起到潜移默化的作用。

为了增加趣味性，我们教师可以根据教学内容巧妙运用双关、借代、反语等修辞方法，或者采用编口诀、拟儿歌等手法，来创造轻松活泼的课堂氛围，以达到良好的教学效果。

当然，口诀的运用不能太多、太繁，要做到少而精，否则这种趣味教学语言也会失去它的效用。

## （二）用形象、生动的语言激发学生的学习兴趣

江西省新余市姚圩中学的知名教师龚正清在日常教学中善于运用生动形

象的语言来提高学生的学习兴趣。

"严谨认真的学习态度会带领你们走进成功的大门。如果粗心马虎，在门内加一横，门则变成了闩，那样岂不是把自己关在了成功的大门之外？同理，我们书写化学式也马虎不得，KCl 是阴阳离子相互作用构成的化合物。钾原子最外层有 1 个电子，易失去，氯原子最外层有 7 个电子，易得到 1 个电子，双方都达到 8 个电子的稳定结构，它俩一结合刚好平衡。如果我们把它写成 $KCl_2$，就成了第三者插足，破坏了稳定性。"

学生听得哈哈笑了。

"现在大家把 $NaNO_2$ 误认为 NaCl，Co 误写成 CO，不是把工业用盐误作食盐，把金属钴误作一氧化碳了吗？$NaNO_2$、CO 有毒，难道我们是金刚不坏、百毒不侵之躯，不怕中毒吗？"

这一番话，给学生留下了极深的印象。从此以后，化学方程式写错读错的现象明显少了。


大多数教师往往比较重视教学方法、教学模式的探究，注重自己在教学思想、教学态度、教学能力、知识水平等方面的培养，却忽略了课堂艺术语言的学习和运用，这是我们有待改正和提高的。

譬如有些教师在上课的时候不注重语言表达的技巧，只是一味地平铺直叙，不管是重点部分还是非重点部分都是一个语调，课堂气氛沉闷。就更别说把握这堂课的重点了。

这样的教师可能具有真才实学，但是由于缺乏语言艺术而不受学生欢迎，教学质量不高。也有这样一种情况，就是有的教师虽然底子不厚，但语言表达能力强，从而博得学生的好评，教学成绩优良。

这就从一个方面说明了教师的语言在教学过程中是多么重要，也反映出学生更喜欢在民主、和谐、愉悦的课堂氛围中学习。几乎所有教师都有这样的体会：课堂气氛越活跃，越有利于进行有效教学，课堂效果就越好。

教师要创造条件来发挥自己的语言魅力，展露自己的教学语言艺术水平，获得丰硕成果。具体在课堂教学中，我们要充分利用教学语言艺术，增强学生的学习兴趣和求知欲，调动学生学习的积极性与主动性，引导学生形成良好的意识倾向和听课习惯。

## （三）提升教学语言趣味性的具体方法

如何使我们的课堂语言充满趣味性？除了上面我们介绍的一些方法之外，还要求我们教师在平时教学中多练习，不断提高语言的感染力，尽量让学生想听、爱听，从而形成有魅力的课堂语言。

### 1. 提高语言的变化能力

首先是声音的变化。声音的变化是指教师讲话的语调要分轻重缓急、抑扬顿挫。这些变化在吸引学生注意力方面具有显著效果，可以使教师的讲解、叙述更具有戏剧性。

讲话速度的变化也是吸引起学生注意的一个重要因素。当教师从一种讲话速度变为另一种速度时，学生分散的注意力会马上重新集中起来。在讲解或叙述中适当加大音量、放慢速度，可以起到突出重点的作用。如果再加上手势、表情的变化，效果会更好。

其次是语句的停顿。停顿在特定的条件和环境下传递着一定的信息，也是引起学生注意的一种有效方式。在讲述一个事实或概念之前作一个短暂的停顿，能够有效地引起学生的兴趣。在讲解过程中插入停顿，可以起到同样的作用。

### 2. 提高语言的感染力

在学习过程中有意设置困难、激起学生的疑问，充分发挥教学语言的启发性和感染力，也是激发学生兴趣的重要方法。因此，教师要善于激发学生，引导他们发现问题、解决问题。

例如，软化硬水一节中有个化学方程式：$Ca(HCO_3)_2 + Ca(OH)_2 = 2CaCO_3\downarrow + 2H_2O$，通过实验，学生看到白色沉淀，从感性上接受这个知识并不困难。可是，如果教师提出"这是复分解反应吗"这样一个问题，就像在学生平静的脑海中投下一颗石子，马上会激起疑问的浪花。因为当学生判断出不是复分解反应时，自然而然地就会产生"为什么会生成碳酸钙沉淀"的疑问来，进入认知冲突的情境。教师可以逐步启发学生，让他们自己来阐释。

3. 旁敲侧击，留有余地

讲授一个难点或解决一道难题时，教师可以适当利用教学语言旁敲侧击，引导学生自己解决疑难，充分调动他们学习的主动性和积极性。针对学生已经出现或可能出现的困难和障碍，教师要分析其知识缺陷所在，然后侧面点拨，填补知识缺陷，引向正确思路，让他们由此及彼、触类旁通地通过自己的思维去解决问题。

教师要充分运用好教学语言的趣味性，把学生带进愉悦、快乐的"天堂"，让他们在那里徜徉，寻觅知识的果实。

# 第 三 篇

# 说话要有力度：
# 有的放矢　注重效果

　　教师的课堂语言不仅要有严密的科学性和高度的知识性，而且还有包涵着人生价值观的教育性和吸引听众的审美性，从这个角度来说，它确实上升到艺术的高度，而不啻是声音讯息的传递。教师的语言切忌平铺直叙，平淡无奇，而应该充满力度，做到有的放矢，注重效果。教师要在充分熟练教学内容的基础上，把握教学节奏，语言表达声情并茂，和谐动听，使学生听起来兴趣盎然，津津有味。用提问的方式激发学生思维，营造快乐的氛围，用探究式语言促进课堂互动，这些都能显著提高课堂教学效果。

# 一、提问要激发学生的发散思维

古语有云：学起于思，思源于疑。有经验的教师在教学过程中，总是精心设计提问语，巧妙地点燃学生思维的火花，激发他们的求知欲，并有意识地为他们发现问题、解决问题提供帮助，引导他们一步步登上知识的殿堂。

课堂提问是一种公认的有良好效果的教学形式。因为它不但能反映学生的认知水平，弥补学生的知识缺陷；还能激发学生的兴趣，拓展思维领域，让学生保持注意力的相对稳定；同时还具有教学效果反馈等功能。

教师在传递知识的同时，应该越来越多地激发学生思考。教师应该帮助学生发现问题而不是传授现成的知识；在教学中，教师应该越来越多地成为顾问，成为交换意见的参考者。

课堂提问是教学中不可或缺的一个重要环节，是启发学生思维、传授基本知识、控制教学过程、进行课堂反馈的一个重要手段，也是一项设疑、激趣、引思的综合性教学艺术。可以这么说，课堂提问语的水平直接影响着教学的质量。

课堂提问的语言当然不能只问"对不对"这种简单的问题，而是通过提问打开学生思路，激发学生发散思维。在学生掌握了课本知识后，如果教师能够引导学生把这些知识与课外相关知识联系起来进行思考，就能增加知识的利用价值。

比如，学习了《爱莲说》一文后，我们可以引导学生这样思考："'莲'的精神品质可以与社会上哪些人联系起来呢？"又如，学习了"随风潜入夜，润物细无声"这一诗句后，我们可以问学生："在实际运用中，它还包含着什么耐人寻味的哲理？"再如，学习了卓越的科学家竺可桢持之以恒的精神后，我们可让学生思考："哪些名人身上也具有这种精神？能具体说说他们的感人事迹吗?"

这几个发散思维的提问都是在原有知识的基础上,通过引申让学生想得更深更广。把提问与阅读、写作、做人联系起来,有效地促进学生思维能力的纵向、横向发展,加强对学生的人文精神教育。这样的提问是教学语言的重要环节,也是启发学生思维的主要方式。

从心理学的角度讲,经大脑思考过的东西,都会留下一定的痕迹。教师的问题一经提出,学生就得把有关的知识内容在头脑里进行分析、综合、比较、概括,进行直接的思维操作,以加深对所学内容的印象。

## (一) 提问要有力度

问题是思维的表现形式。教师若想激发学生的发散思维,就要善于运用问题去引领。教师可以根据所授教学内容的需要,结合学生原有的认知结构,在教学过程中设置一系列需要学生通过主观努力才能解答的问题。学生在解决教师提出的问题时,就要想方设法弥补眼前与目标间的裂痕,缩小初始状态与理想状态之间的距离,直到想方设法把问题圆满解决。

因为思维总是指向于解决某个问题的,学生解答问题的过程就是思维的过程。在课堂上,学生思维的激发,较多来自于个体以外的刺激。教师的提问是促进学生思维活动的主要外部动因之一。

### 1. 要对学生的思维发展有导向性

教师提问的内容要有一定的深度,因为问题本身规定了学生思维发展的方向和任务。它能把学生带入"问题情境",使他们的注意力迅速集中到特定的事物、现象、定理,引导学生按照既定的方向思考。

### 2. 要对学生的思维有强化性

教师提问的目标愈高、难度愈大,学生思维的强度就愈高。教师通过提问可以引导学生对比、联想、进行创造性思维,从而获得新知。

### 3. 要对学生思维的发展具有调控性

教师提问的方向性、目标性、指导性,可以调控学生思维发展的速度。

我们可以根据教学目标的需要，不断调整问题的难易度，以加速或延缓学生思维发展的进程。

提问能使教师及时得到反馈信息，适时调控教学程序，为学生创造自我表现的机会，从而鼓励他们提出疑问，积极主动地参与教学活动。教师的课堂提问语言是一门教学艺术。需要我们不断去探索、去实践、去创新。

## （二）提问要提到点子上

天津市宝坻区大口屯镇二中的张道强老师在讲授《老山界》一文时，积极引导学生分析红军战士在第二天早饭时"抢了一碗就吃"中"抢"字的用法。提这个问题时，他担心学生难以一下子理解，就换了个角度来问："'抢'字是否说明了红军战士不遵守纪律呢？"

当学生给予否定回答时，张老师又进一步启发学生："那么，'抢'在这里该如何理解呢？例如，小明今早起来晚了，当妈妈煮好早餐后，他抢了一碗就吃，然后急急忙忙上学去。这里小明的'抢'又说明了什么呢？"

到这里，通过张老师设置的曲问和类比分析，学生对红军战士"抢"这一动作的理解就自然明确了。

在教《小橘灯》中"我低声问：'你家还有什么人？'她说：'现在没有什么人，我爸爸到外面去了……'"这段时，张老师让学生分析小姑娘话没说完的原因："小姑娘话没说完就停住，是不是她不知道爸爸到哪里去了呢？"

当学生给予否定回答时，他又继续问："既然知道爸爸的去处，为什么不直说？"

有的学生会说"怕别人知道""当时不方便说"。在这时，张老师问："文章这样写小姑娘，表现了她怎样的性格特点呢？"

在教《五柳先生传》一文时，张老师对"性嗜酒，家贫不能常得"一句设问："既然家贫，为何不戒酒或者少喝一些呢？"

问题提出后，学生反应强烈。有的说："这表现了五柳先生豪爽、率真的性格。"有的说："五柳先生是'江山易改，本性难移'。"……

这时张老师就提示学生结合陶渊明的身世背景来思考。经过讨论，学生最终达成一个共识——陶渊明是因不满现实而借酒消愁。这个问题让学生认识到率真洒脱并不是陶渊明的全部，他们了解到"采菊东篱下，悠然见南山"掩映下的另一个陶渊明，一个更为真实的陶渊明。同时，他们也掌握了透过现象看本质这一思考方法。

张老师在教学时，就非常注意避免直来直去的提问，利用曲问很好地激发了学生的发散思维。在讲《老山界》时，张老师仅用一个"抢"就吸引住了学生的注意力，之后又用通俗易懂的例子，让学生很轻易地理解了当时时间的紧迫性。在讲《小橘灯》时，因为有了这一处的曲问，学生就比较容易理解小姑娘在此处"机警、乐观"的性格特点。

这种要拐个弯才能找到答案的问法，不仅能激起学生思维的浪花，有时甚至能产生"投石击破水底天"的教学效果。这种提问方法能有效地培养学生的各种综合能力，极大地提高教师的教学效率。

## （三）层层深入，渐次设疑

董发东是湖北省丹江口市的地理教师，他擅长通过逐步设疑对学生进行提问。

在初中地理课中，地方时、区时和日界线是初一地理的一个难点。初一学生虽然有一定的时间概念，但是对地方时和区时的概念往往不理解。为此，董老师设计了一组恰当的递进式问题，使学生的思维不停地运动起来，让学生很好地理解这一方面的知识。

董老师问："同学们很喜欢看奥运会的实况转播，当我们知道中国女子足球队将于澳大利亚东部时间9月18日下午3点在悉尼和美国女子足球队比赛时，我们应该在什么时候打开电视机？"

多数同学都明白，如果在北京时间下午3时打开电视机的话，肯定看不到这场比赛。于是就产生了学习时区、换算悉尼和北京两地区时的兴趣。

在完成了悉尼时间和北京时间之间的区时换算以后，董老师又提出了第二个问题："要是奥运会不在悉尼举行，而在其他国家的城市举行，我们又该在什么时间打开电视机呢？"

第二个问题把学生从问题的特殊性带回问题的普遍性，学生就会产生了解世界任何地点的区时与北京的区时之间换算的兴趣。

第三个问题是借助地球仪，向学生提出"地球每小时转过多少度"的问题，从而引出每个时区的经度差这个知识点。学生在理解了相邻两个时区的中心线相差15°以后，就学会根据经度的不同来计算区时和地方时了。

课堂问题的设计，一定要围绕这一堂课的教学目标，由浅入深、由表及里、由特殊到普遍来进行，让学生在围绕教学目标的层层递进的提问中掌握这一节课的知识点，从而完成教学任务。

董老师正是对此深有体会，才会注意在教学中采用递进式提问的。在逐步的提出问题和解决问题中，他围绕着时区这一目标，始终使学生的思维在运转，从而圆满地完成了这一节课的教学任务。

## （四）把握好提问的时机

在教"圆的面积"时，有一位数学教师组织学生进行直观操作：将圆剪开拼成一个近似的长方形，并利用长方形的面积公式推导出圆的面积公式。知识的内在联系：拼成的近似长方形的面积与原来圆的面积有什么关系，拼成的近似长方形的长和宽是原来的圆的什么。

为了适时提出这两个问题，这位老师先让学生动手操作，将一个圆平均分成8份、16份，拼成一个近似的长方形。然后提出问题：

①若把这个圆平均分成32份、64份……这样拼出来的图形怎么样？

②这个近似长方形的长和宽就是圆的什么？

③怎样通过长方形面积公式推导出圆的面积公式？

学生很快推导出：长方形的面积＝长×宽，圆的面积＝半周长×半径＝ $(2\pi r/2) \times r = \pi r^2$。

教师的提问如果要想抓住学生的注意力，就要善于在知识的关键处、理解的疑难处、思维的转折处、规律的探求处设问。案例中，这位数学教师在学生思维的转折处进行的提问，就有利于促进学生进行知识的迁移，有利于建构知识的框架和加深所学的知识。

### （五）培养提问技巧的具体方法

教师富有针对性和启发性的课堂提问语言，就像投入池水中的一粒石子，可以激起学生思维的浪花，启迪学生的心智，让他们的思维活动处于最佳状态。

在教学工作中，教师应根据教学需要从不同的角度、层次和要求提出问题，引导学生思考，从而更好地理解学习内容。教师的提问要讲究艺术，能够给学生提供思路，并且引发学生的发散思维。那么，我们教师提高提问水平时，一般会用到哪些方法呢？

#### 1. 设计发散式问题

经常听到有的学生说："上课听得懂，一做题就发怵。"究其原因就是其思维缺乏灵活性。通过对成绩好的学生与成绩稍差的学生的解题过程的观察，我们发现，成绩好的学生可以从同一题的信息源产生不同的假想，然后对每一种假想进行合理的思维推理，一旦思维受阻就能立即转换思维方式；而成绩稍差的学生往往"一条道走到黑"。

要使这类学生"头脑开窍"，就要培养他们思维的灵活性。为此，在课堂教学中，教师要有目的地根据同一问题设计发散式的问题。如一题多解和一题多变的习题讨论，激发学生的思维发散，增强其思维的广阔性、灵活性。

#### 2. 注重创设情境

在讲《苏州园林》一课时，一位教师通过这样的提问导入新课："同学们，人们常说'上有天堂，下有苏杭''桂林山水甲天下'。其中，桂林美在山水，苏州美在园林。那么，苏州园林有什么特点呢？它美在何处呢？下面请同学们阅读《苏州园林》之后，回答老师的问题。"

设问的目的是启发学生的思维。美国著名教育家布鲁纳要求教师要运用教学语言"创设问题的情境，去激发学生的好奇心，去打开学生思维之门"，而这就是提问的真谛。古人说"不愤不启，不悱不发"，也是要求教师用问题去激发学生的好奇心，以使其进入积极思维的状态。

上面案例中的设疑导入，既创设了问题情景，激发了学生的学习兴趣，又充分调动了学生自主学习的积极性。

**3. 善于选择时机**

首先，教师应根据学生在学习过程中显示出的心理状态来加以把握。当学生思维囿于一个小天地无法突围时；当学生受旧知识影响无法顺利实现知识迁移时；当学生疑惑不解、一筹莫展时；当学生胡思乱想、精力分散时；当学生有所感悟、心情振奋、跃跃欲试时……都是我们提问引导的好时机。

其次，教学视角也是课堂提问时机选择的重要依据。提问一旦迎合了教学需要并与教学视角相吻合，就表明我们选准了"最佳时机"。当教学到达教材的关键处时，当教学到达教材的疑难处时，当教学到达教材的精华处时，当教学到达教材的矛盾处时，当教学到达教材的深奥处时，都是最佳提问时机。

最后，教学进程也是把握时机的决策因素。我们可根据教学进程中的具体情况，灵活选择提问的时机。

**4. 巧设"认知冲突"**

讲"盐的水解"一节时，一位化学教师首先提问："$CH_3COONa$ 和 $NH_4Cl$ 在水的溶液中能否使石蕊试液变色呢?"学生们很干脆地回答："不能!"

当教师追问为什么时，学生回答："因为他们都是盐类，而不是酸和碱。"

接着化学教师演示了在 $CH_3COONa$ 和 $NH_4Cl$ 溶液中分别加入石蕊试液的演示实验。当做完演示实验后，大家顿生疑惑，惊讶不已。这时化学教师抓住时机地引导学生发散思维，探究原因，自学教材。最后师生一起归纳盐类水解的实质和呈酸碱性的规律。

在教育心理学上，"认知冲突"就是当学生急于解决某个问题时，但用已学过的知识和技能又无法解决的一种心理状态。一旦有这种心理需求，学生就会产生一种主动探究的动力。这时，学生就处于注意力最集中、思维最活跃的状态。

教师在具体教学中要格外重视提问语言的运用，尤其要注意我们的提问语言是否给出了学习思路，是否发散了学生的思维，是否扩大了知识的领域。

# 二、说话要有学科特色

课堂教学过程就是知识的传递过程。在整个课堂教学过程中，知识的传递，学生接受情况的反馈，师生间的情感交流等，都必须依靠语言。作为教师，光会说话还不行，不管教文科，还是教理科，都要具备运用学科特色语言的能力。

同样是讲授课程，为什么有的教师能让学生听得如醉如痴，有的教师却让学生感到枯燥乏味？为什么有的教师寥寥数语，学生就能牢牢掌握知识，而有的老师磨破了嘴皮，学生还是如坠云里雾里？

造成截然相反效果的主要原因，就是有些教师的学科语言独具特色，而有些教师却没有对所授学科的知识进行整体把握，语言平淡无奇。

在各具特色的学科领域，那些名师总能把握关键，苦下工夫，形成自己的特色语言，从而提高课堂教学质量。

## （一）遵循学生的知识基础，设疑激趣

### 案例一

江苏著名特级教师夏青峰在讲述《分数的意义》时，是这样运用学科特色语言的：

上课开始，夏老师首先问："关于分数，我们已经知道了什么？"

一个学生站起来回答说："分子、分母和分数线。"

夏老师继续问："你能举个例子吗？你还想知道什么？"

那个学生接着回答："例如，把一个苹果平均分成 2 份，取其中的 1 份，就是 1/2……"

这时，另一个学生抢着说："我还知道了分数的大小。比如 4/5 为什么大于 2/5。"

夏老师接着说："现在就请大家看书，哪些已经明白，哪些还不太明白。如果看了书还解决不了，我们就一起来解决。"

等学生基本都看完书后，夏老师接着问："通过自学课本，你又知道了什么？"

一个学生说："如果把一个东西平均分成若干份，其中的几份就可以用分数来表示。"

另一个学生说："我知道了分数产生的原因。"

夏老师于是说："还有什么看不懂的地方？"

……

## 案例二

《分数的基本性质》一课，教材中讲分数的基本性质是从比较 3/4、6/8、9/12 的大小引入的。而广东省著名特级教师黄爱华却巧妙地改为通俗易懂的"猴王分饼"的故事。

他设定将饼分给猴 1 一块 1/4，猴 2 要两块 2/8，猴 3 要三块 3/12，使分剩的饼分别为 3/4、6/8 和 9/12。然后结合上课时学生人数的实际，求第一、二组学生的总人数占全班学生人数的几分之几，使一道例题变为三道例题。

情景设定完后，黄老师引入新课："黑板上三组相等的分数有什么共同的特点？"等学生回答后，他再板书"分数的分子和分母变化了，分数的大小不变"。

然后，黄老师引导学生比较归纳，揭示规律，出示思考题：比较每组分数的分子和分母。

（1）从左往右看，是按照什么规律变化的？

（2）从右往左看，又是按照什么规律变化的？

板书完后，黄老师说："咱们先看一看，想一想，议一议，再翻开书看看书上是怎么说的。"

于是，学生开始独立思考、感悟。接下来集体讨论，归纳性质。最后阅读书本进行对照。

案例一中，夏老师在这一课上没有按照"复习—引新—练习—巩固"的四环节进行教学，也没有为新知引入创设时髦的趣味情境，而是遵循学生已有的知识基础，通过具有学科特色的精心设问，用简短的一句"关于分数，我们已经知道了什么"，来直接唤醒学生已有的知识，简明扼要地找到了新旧知识的链接点。

首先，在学生自由表达后，夏老师又直截了当地问"你还想知道什么"，这样就把学生的表现欲调动为求知欲，从而引导学生主动探索。其次，在引导学生与文本对话后，夏老师把学生的思维火花挑拨得更加红火——"通过自学课本，你又知道了什么?"于是，学生开始你一言我一语地发表自己的见解，主体地位得到了真正体现。最后，夏老师询问："还有什么不明白的地方?"是为了引导学生进一步探究。

在这一段时间的学习中，夏老师没有过多的话语，只是精心设计了富有启发性的四问，把话语权还给学生，通过循序渐进、层层分析，实现了学生思维的"自主加速"。

案例二中，黄老师用通俗易懂的话语讲述了"猴王分饼"的故事。通过故事设疑，激起了学生探求新知的欲望。"猴王分饼"和分析班级学生人数得出的三组相等的分数为学生探索新知提供了材料，而黄老师出示的思考题则为学生探求新知、独立思考提供了指南。

在学生独立思考的时候，黄老师没有喋喋不休地去提醒，而是耐心地等待学生去自主发现、自主探索，为学生留足思考的时间。

通过上面的案例，我们可以明显地感觉到，名师对课堂小结语的把握也是非常讲究特色的。如教学"求两个数的最大公约数和最小公倍数练习课"后，黄老师是这样设计小结的："通过本节课的练习，我们知道求两个数的最大公约数和最小公倍数时，要先观察每组中两个数之间的关系，准确判断后，再采用合理、简便的方法来求。"这样的小结，既抓住了教学重点和知识的主要特色，又加深了学生对所学知识的印象。

黄老师课堂小结的特色在于言简意赅，把教学三维目标融入课堂小结中，使学生对教学目标层次掌握更清楚。

## （二）把握好教学语言的特色

教师应该精心锤炼描述性的语言，把学生带入美的意境。比如，数学教学中偶尔出现几句诗情画意的话语，效果会变得不同凡响。据说陈景润的老师曾经用诗一般的语言向学生介绍了哥德巴赫猜想：自然科学的皇后是数学，数学的皇冠是数论，而哥德巴赫猜想则是皇冠上的明珠。他还意味深长地说："昨天晚上，我做了一个梦，梦见你们中的一位同学了不得，他证明了哥德巴赫猜想。"这句话产生了神奇的力量，激励陈景润开始了摘取皇冠明珠的万里长征。他矢志不渝，百折不回，终于创造了辉煌。

在现实教学中，大部分的数学教师对课堂语言的重视不够。在平时的备课中，备的最多的也是教学环节设计，对于教学语言准备的不够充分，有时甚至是没有准备。

有些教师认为数学课就是把道理说清楚，把规律讲明白就行了，而不需要考虑语言的艺术。可是，他们不知道那些枯燥、乏味的抽象表达，往往会损害学生的记忆和理解。

如果一位数学教师能够巧妙地运用课堂特色语言来讲解的话，那么他所获得的课堂效果一定是不同凡响的，因为良好的语言艺术会牢牢抓住学生的注意力，而且还会让学生在良好的课堂氛围下迅速掌握所学的知识。

## （三）提升语言学科特色的具体方法

教师发挥课堂语言魅力时，要注意语言的特色和灵活性，根据教授内容巧妙地运用语言技巧，达到特定的教学效果。那么，如何才能使教师的语言具有艺术特色呢？

### 1. 注重语言表述的精确和简练

简练是指教师要用言简意赅的语言来表达丰富的内容。比如数学，从某种程度上说，数学教师要想语言言简意赅就要做到两个方面：一是问题的针对性要明确；二是提问的次数不能过于频繁。数学教师在提问时，不能使问题与教学目标的距离太遥远。

教师不能为了体现启发式教学，就频繁地使用提问语，致使问题难易不当，数量失控。如频繁地使用"为什么""怎么"之类的提问，致使学生来不及思考，教学效果当然不会好。过多地使用"对不对""是不是"等选择问句，也会使学生失去思考的兴趣。

### 2. 巧设"悬念"，激发学生的学习兴趣

如果我们的教学语言单调而枯燥，一味灌输陈旧而枯燥的"1、2、3""a、b、c"，那么学生就会对这样的理论性教学感到乏味。因此，如果教师只是单纯地强调理论知识的重要性，或采取简单批评指责的方法要求学生注意听讲和积极思考，效果都不会很好。

如果教师能采用评弹艺术中使用的"悬念"手法，来抓住学生的注意力，激发他们的学习兴趣，注重学生主体性发挥，就会收到较好的教学效果。

例如，在讲乘方的运算时，教师可以手举一张纸，设其纸厚为 0.5mm，接着提问世界最高峰珠穆朗玛峰的高度是多少？此时学生异口同声地回答出来。这时学生已经产生了一个疑问，一张纸和珠穆朗玛峰有什么联系呢？接下来老师可以话锋一转说道，就用这样的纸（足够大），对折若干次后，就可以达到或超过世界最高峰的高度！学生马上会瞪大眼睛，张开嘴发出惊讶的声音。

此时悬念已产生，兴趣也调动起来了，学生就会怀着极大的好奇心要用乘方运算来验证一下这个问题。

### 3. 多用鼓励性的语言，激发学生学习的热情

教师在课堂上，应该经常用一些鼓励性的语言，使学生能够自觉主动地学习。

例如，在讲"一位数除三位数"时，教师可以先出这样一道题：$428 \div 2 = ?$然后说："根据这道题的特点和一位数除两位数的计算方法，你有勇气独立完成这道题吗？"当全班学生都做对时，教师可以接着说："你们真聪明！"这样的语言会对学生的学习积极性带来很大的鼓舞和推动，师生情感也会得到发展，学生会觉得"老师对我们真好"。

教师要善于表扬学生，尤其是对没有学习兴趣的学生和学习有困难的学生。有的老师会说："这样的学生没有优点，怎么表扬他呢?"请做一个细心的教师吧，即使我们发现学生有一点点的进步，也应该及时地表扬他，鼓励他，使他感到"我也有优点""我也能进步"，从而激发他的学习兴趣。

4. 设置错误，启迪学生积极思维

心理学家鲁宾斯坦说过："思维通常总是开始于疑问或者问题，开始于惊奇或者疑惑，开始于矛盾。"设置错误的解题思路，是达到引思的一种方式，以此启迪学生的思维。

例如，在公因式分解的课堂教学讲到提公因式的问题时，有的数学教师就采用错误的解题过程。他们首先将题目列出，然后让学生自己先提公因式，找一个类似 $AC+BC+C=（A+B）C$ 这种错误方法的解法展现在黑板上（多数学生采用此方法），然后引导学生一起分析解题过程。当讲到这一过程时，故意停顿给学生思考的时间，至此就会有学生提出质疑了，如何解决呢? 此时有学生会提出漏项，"尾巴"给忘了，到此，错误也就纠正了。

教学语言从表面上看只是口头表达能力，实质上却是教师学识与修养的体现。作为教师，我们应该重视语言特色的锤炼，在日常教学中，如果能根据不同的教材内容，根据学生好奇心强的特点，采用随机应变、因势利导的教学艺术，运用多样化的教学特色语言，不仅能活跃课堂气氛，而且能激发学生学习的兴趣，启迪学生科学的思维，从而达到良好的教学效果。

# 三、说话要营造快乐的氛围

苏霍姆林斯基说："一个人到学校上学，不仅是为了取得一份知识的行囊，而主要是获得聪明。因此，我们主要的努力就不应该仅用在记忆上，而应该用在思考上。所以真正的学校应是一个积极思考的王国，必须让学生生活在思考的世界里。"

在教学中，教师努力的方向是对学生进行卓有成效的智慧教育。而作为实施智慧教育的主阵地——课堂，就应该成为学生智慧的舞台。学生在智慧的课堂中，兴趣得到激发，探究的欲望被激活；学生在智慧的课堂中，体验到求索的愉悦和求知的快乐。师生的智慧之花会在互动与对话中绽放。因此，教师的课堂语言既要充满智慧，又要有相当高的"快乐指数"，即通过我们的语言，营造出快乐的学习氛围。

理想的课堂，师生之间会有愉快的情感沟通与交流。而现实中，课堂上可能是愉悦、欢乐和合作的，也可能是紧张、沉默和不快的。"情不通则理不得"，教师要重视师生之间的情感交流、用快乐的语言去创设能够使学生自主学习的轻松的课堂环境。

学生学习的自主性不可能在压抑的环境中产生。有资料证明，人在轻松、愉快的情绪下，思想更为活跃，能更自在地展现自己的才华。为此教师在平时教学中要注重自己的教态和语态，使学生感到可敬可亲；要通过和颜悦色的面部表情和快乐激情的语言唤起学生美好、愉快的情感体验，从而调动学生的学习积极性。这就是我们强调的教师语言的"快乐指数"。

正如著名教育家夸美纽斯所说："教师的嘴，就是一个源泉，从那里可以发出知识的溪流。"所有的知识都要靠教师的语言表述，才能被学生接受和吸纳，因而教师快乐的教学语言在课堂教学中十分重要。

心理学研究也表明，一个人在不同的状态下，接受新事物的快慢会不一样。当人们处于兴奋、积极的状态时，接受新事物就快，反之则慢。教师课堂的快乐语言能够缓解甚至消除学生的紧张心理，深深地感染和吸引学生，使师生之间的关系更和谐；能够有效地激发学生学习的热情，促进课堂上师生之间情感与思想的互动。

总之，教师课堂语言的"快乐指数"高，课堂气氛就轻松愉快，学生就会全神贯注，学习效果自然会提高。在实际教学当中，有一部分教师在课堂教学中就不太注重语言的快乐性，只是一味不苟言笑地讲授课本上的知识，使学生听起来干巴巴的，毫无生气。

教师要不断提高自身的素质，锤炼自己的语言并掌握一定的语言技巧，使自己的语言充满"快乐因子"，让学生听起来有一种亲切感，从而获得良好的教学效果。

## （一）让快乐的语言带来快乐的活动

## 案例一

平谷区原将军关中学的张春芝老师在课堂导入时说："同学们，今天老师给大家带来了一首好听的歌。我们一起来听听吧！"这句话简洁平实，却又不乏激情，一下子就把学生们想欣赏歌曲的热情激发起来，同时也为后面进一步引导学生学习创造了良好的氛围。

另外，在课堂上，她还敏锐地抓住教学内容之间的衔接点，在学生思想火花被激发时，精心组织语言。如"原来快乐就是这么简单！同学们，你们一定都有很多很多快乐的事，我们一起来分享你的快乐，好不好？""是呀，在快乐中我们收获了，我们进步了，我们让快乐升级了。接下来，让我们看看晓婷同学是怎样让快乐升级的。""同学们回忆一下自己的校园生活，你在哪方面最快乐？跟大家说说。"

## 案例二

在教10以内数的组成时，浙江省杭州市西湖小学王玮老师是这样设计的：

王老师:"同学们,你们喜欢做游戏吗?"

学生:"喜欢!"

王老师:"好,我们今天就来一起做一个游戏,目的是要学习并巩固10以内数的组成,大家愿意吗?"

学生:"愿意!"

游戏之前,王老师给每一位学生的胸前戴上一张数字卡片,每一张卡片上是0~10中的任意一个数。

"找呀找呀找朋友,找到一个好朋友,敬个礼来握握手,我们都是好朋友"的歌声响起来了。

王老师说:"大家好好地想一下,卡片上的数合起来是10的就是好朋友,大家快去找自己的好朋友吧!"

话音刚落,小朋友就开始随着歌声去找自己的好朋友了,当歌声停止的时候,胸前的数合起来是10的两个小朋友手拉手地站在一起。

王老师接着又说:"卡片上的数合起来是8的才是好朋友。看看哪位小朋友能够最快地找到!"

伴随着欢快的音乐声,小朋友又找到了自己的朋友。

学生们在王老师愉快的语言氛围中,积极主动、乐此不疲地学习。几乎每个学生都能迅速地找到自己的好朋友。于是10以内数的组成很快就被学生牢牢地记住了。

每个学生都为自己能参加这样的游戏而感到高兴,也为自己能找到好朋友而感到骄傲。他们在游戏中体会到了成功的喜悦。


教学过程中,教师要运用快乐的语言把快乐的活动引入课堂,使学生在轻松愉快的学习活动中掌握知识。

案例一中,张老师的过渡语非常流畅精练,富有亲和力和感染力,让学生们领略到教师语言的和谐之美和快乐之感。

一般来说,年龄较小的学生总是缺乏耐心,因此课堂上我们给学生的第一个感知,应当具有特别的鲜明性和吸引力,要让学生感受到教师语言中的快乐情绪。

案例二中,王老师运用快乐的语言使学生积极地参与到课堂教学中,抓住了教师语言营造快乐氛围的精髓。在王老师那快乐的语言教学中，学生们既感受到了教师给他们带来的快乐，又学习和掌握了知识。可以说，这是一个很成功的教学案例。

## （二）让激励性语言产生快乐效应

江苏省常熟市红枫小学蒋峰梅老师巧妙地转变课文中的语言来对学生的朗读、回答、学习态度等进行评价和激励，取得了很好的效果。

针对学生读书、回答问题的声音普遍较小的问题，蒋老师借助《荷花》一课的教学来激发学生在读书、回答问题时提高声音。

教学片段如下：

蒋老师说："请某某同学读一下第二节。"

该学生读时，声音小得像蚊子发出的嗡嗡声。

蒋老师说："你的朗读就像那个饱胀得马上要破裂的花骨朵。再读一遍，看能否变成展开一两片花瓣的荷花？"

该学生再读第二节，声音提高了很多。学生们只要专心听，基本上能听清楚。

蒋老师夸奖道："哎呀！不仅展开了一两片，而且展开了三四片。你再读一遍，肯定会像完全展开花瓣的荷花了。"

该学生再读，声音响亮、悦耳。读完，全班同学情不自禁地为她鼓掌。

蒋老师终于笑了，再次夸奖道："掌声是对你这朵荷花的肯定。太美了，老师相信你在今后的日子里，读书、说话会永远像朵盛开的荷花。"

该学生听后，竟然热泪盈眶地给老师和同学们鞠了一躬。

而在教学《螳螂捕蝉》一文时，蒋老师是这样激励学生的：

当一位学生读第一节读得特别好时，蒋老师说："听了你的朗读，感觉到你就是那位固执的吴王。"

当另一位同学扮演那位少年，讲"螳螂捕蝉"不够生动时，他说："我这位吴王，听了你的故事，还想攻打楚国。"那位同学马上说："老师，我再念一遍，一定让你取消攻打楚国的念头。"结果，他又念了一遍。这一遍就好像一位聪明的少年在娓娓动听地给吴王讲故事。

讲完后，蒋老师不住地点头，然后毫不犹豫地说："我决定不攻打楚国了。"

从案例中的第一个教学片断，我们不难看出教师快乐语言的影响力。教师通过快乐的语言，一方面给学生以巨大的激励作用，使学生获得了自信；另一方面，也使教师的课堂教学充满快乐。

像蒋老师讲《螳螂捕蝉》时那样激励学生，既不伤学生的自尊心，又能够使学生在快乐的课堂氛围中学到知识。蒋老师灵活运用快乐性的激励语言，使学生学起来特别带劲儿。尤其在角色朗读中，学生仿佛置身于真实的情境，自己就是吴王或少年。

"你就是那位固执的吴王。""听了你讲的故事，我决定不攻打楚国了。"这幽默快乐的话语，也是对学生朗读、发言的最好评价和激励。学生听了，肯定会感到十分亲切，师生关系和谐融洽，整个课堂都变得快乐、轻松起来。

## (三) 把修辞手法融入快乐语言中

著名教师童湘屏善于通过运用修辞手法来提高课堂语言的"快乐指数"。

在分析病句"同学们正聚精会神、全神贯注地注视着英雄的报告"时，他是这样讲解的：

童老师说："这是一个病句，谁替它把把脉，找找它病在哪里？"

甲生回答："它病在动宾搭配不当。'注视'与'报告'不能搭配。"

童老师问："如何治呢？"

甲生回答："应把'注视'换成'倾听'。"

童老师又问："哦，是进行'移植手术'。这句话还有其他毛病吗？"

乙生回答："它病在重复多余。'聚精会神'和'全神贯注'是同义词，不能重复使用。"

童老师问："如何治呢？"

乙生回答："应把'全神贯注'删去。"

童老师总结道："哦，明白了，需要进行'切除手术'。同学们，其实，我们修改病句，就好像医生替病人看病一样。自身需要有扎实的功底，这样才能做到准确判断病症，然后对症下药，该'切除'的就'切除'，该'移植'的就'移植'，做到'药到病除'。如果大家平时多读书，增加语文素养，句子方面的'疑难杂症'是难不倒你们的。"

……

童老师巧妙地把"改病句"比作"医生看病"，并且郑重其事地运用了一些医学方面的专业术语。这种巧用，让童老师的话语充满了快乐气息，给学生留下极为深刻的印象。

可见，巧用修辞手法在一定程度上是能够增强教师语言的"快乐指数"的。如果教师能够很好地运用这一手法，就能轻松地营造快乐的课堂氛围，使得自己的教学取得显著的效果。

## （四）营造快乐氛围的具体方法

语言是开启心灵的钥匙，是人与人沟通的纽带，是传递信息的重要途径。一句快乐、生动的话，一席真挚肺腑之言会拉近彼此的距离。

教师的课堂语言不能总是平铺直叙平淡无奇。久而久之学生会反感，认为老师上课没有激情。相反，如果教师注意运用课堂语言的方法技巧，时常用一些较为快乐的语言去调动学生的兴趣，就会达到意想不到的教学效果。

那么，怎样才能提高教师语言的"快乐指数"呢？以下几种方法可供参考。

### 1. 借用谐音进行仿词，构成特别的语义

一位语文教师第一次和学生见面，自我介绍道："我是这个学校里最'忧瘦'的语文老师。"学生们以为老师发音不准，马上纠正："老师，是'优秀'吧?"老师补充说："是'忧瘦'，因为我很瘦，担忧自己会再瘦下去。"学生至此恍然大悟，大笑起来。

笑声中，教师和学生的心理距离一下子拉近了。这就是仿词所达到的快乐效果。

### 2. 改变语流暗示的语义方向，产生幽默效果

语文课上，同学们正颇为吃力地抄着老师的板书。一位同学忍不住问："老师，还有吗?"老师刚好抄完了，特意留下一个句号没写，回答说："别怕辛苦，还有呢!""还有多少?""还有一个句号。"老师说着，把句号补上。

学生们"哄"地笑了。老师继续说："别小看这个句号，没有它，就不是一个完整的句子。看不见它，你们就得继续抄下去。"

学生们微笑点头，在笑中解除了疲劳，在笑中增长了知识。

### 3. 注意快乐性语言的及时性

课堂教学中，教师要随时观察全班学生的学习情绪，在发现学生的学习情绪不好或者上课思想开小差、不集中的时候，可以恰当地运用快乐性的教学语言来活跃课堂气氛，引导每位学生积极进入思维状态，从而达到教学目的。

### 4. 注意快乐语言的灵活性

针对学生不同年龄和个性差异，教师要采用不同的教学语言。比如，年级低的学生容易接受生动、形象的语言，所以教师的教学语言应具体、明确、亲切，要运用"快乐指数"较高的教学语言。而高年级的学生，抽象思维不断发展，追求对事物的理性把握，所以教学语言要力求深刻、灵活、具有哲理，可以运用"快乐指数"较低的教学语言。

另外，教师还要根据不同时间、不同场合，根据学生的反馈信息，及时调节教学语言的速度、节奏和"快乐指数"，使教学语言波澜起伏。

沉闷的枯燥的语言，不但学生不爱听，教师自己讲起来，也会感到沮丧。运用快乐的语言来活跃课堂的气氛，提高教学效率，是我们老师的职责所在。那么，在平时的教学中，就要苦下工夫了。

# 四、说话要像磁石一样吸引人

学生的注意力一般很不稳定，特别是小学生。天上的飞机、地上的小虫、树上知了的叫声、隔壁教室传出的歌声，都有可能分散他们的注意力。另外，学生的注意力也很难持久。他们往往在新知识学习的开始感到新鲜，注意力比较集中，但是一小段时间后，他们的注意力就会分散，会左瞧右看、吃点零食、摆动玩具、做些小动作、说些悄悄话等。

苏霍姆林斯基说："如果教师不想办法使学生产生情绪高昂和智力振奋的内心状态，就急于传授知识，那么这种知识只能使人产生冷漠的态度，而给不动感情的脑力劳动带来疲劳。"

积极的思维活动是课堂教学成功的关键。教师在课堂教学中要运用启发性的语言来引领教学，激发学生的思维活动，带动学生的学习兴趣，使学生的注意力高度集中，从而有效地引导学生对新内容新知识进行探究。同时，这也能给学生带来广阔的思维空间，启发学生从不同的角度来思考问题，培养学生思维的灵活性和广阔性，使其在思考中享受到思维的乐趣，始终保持高昂的学习情绪。

在集中注意力的情况下，学生对知识的吸收才最容易。所以，教师要通过课堂语言的巧妙运用，牢牢抓住学生的注意力，不给他们的"心"偷偷溜走的机会。

在具体教学中，有的教师只是简单地照本宣科，空洞说教；或者抽象地理论灌输；或者单纯画几条杠杠、写几句结论。这样的课堂，学生自然会感到枯燥乏味，不断地开小差。但是只要教师的语言运用得好，就可以调动学生的兴趣，激发学生强烈的求知欲望。而一个人对某一方面的兴趣越强烈，就越有可能积极主动地学习这方面的知识，从而取得巨大的成就。

激发兴趣是进行教学的有利因素，对鼓舞学生掌握知识、发展智能都是很有帮助的。所以，教师在导入新课时要针对学生的年龄特点、心理特征，精心设计每堂课的导入语，以达到"课伊始趣亦生"的境界。那么，一上课我们就能紧紧地抓住学生的注意力，让他们满怀热情地学习新课，积极主动地探究新知识。

当教师的话语像淙淙的小溪一样慢慢流淌进学生心田的时候，就会拨动学生的心弦，鼓起他们学习的风帆，从而取得理想的教学效果。

## （一）教师的语言要针对每一个学生

广州市白云区景泰街广园小学的梁翠霞老师在教授"比大小"时是这样讲解的：

这节课的知识要点是让学生认识大于号、小于号、等于号，会用符号表示物品的多少关系。这对于低年级儿童来讲是比较枯燥、抽象的。在教学中，肯定会出现学生思想开小差的现象。

为了避免这种情况的发生，梁老师首先出示了一张幻灯片：三只小猴子围坐在三种水果的前面，其中鸭梨有 4 个，桃子有 3 个，香蕉有 2 个。

等学生看清楚后，梁老师设置了一个这样的问题情境：三只猴子分水果，请小朋友猜一猜猴子分哪种水果时没意见？分哪种水果时有意见？为什么？

问题一提出，学生们争先恐后地发言：猴子们分桃子不会有意见，因为猴子的数量与桃子的数量同样多，随即梁老师出示符号，告诉学生这个符号表示左右两边数量相等的关系；接着学生又说猴子分香蕉时可能意见大，因为香蕉只有两个，而猴子有 3 只，不够分，即 2 比 3 小，反过来 3 比 2 大，随即梁老师就出示大于号，介绍大于号的意义。

教师的课堂语言运用要注意全面性，要关注每一个学生，即运用巧妙的语言来培养和激发每一位学生的兴趣。

像梁老师所提的问题，对学生而言，既有现实性和趣味性，又有思考性和开放性，使不同程度的学生都愿意积极参与问题的讨论。问题情境的故事化，不会让学生产生厌烦情绪，有效防止了学生思想开小差。而梁老师自己也很好地把握了话语对象的全面性，确保了每位学生的有效参与。

## （二）教师提醒性语言的运用

### 案例一

江苏省太仓市实验小学的张艳红老师在讲授《东方之珠》一课。当学到海洋公园这一部分时，张老师发现由于从上课到现在有较长时间了，个别同学注意力开始不集中了。于是，就说："快！海洋公园里动物表演要开始了，可我怎么发现丢了一些游客啊？怎么小鸥忽然不见了，小明也不见了，他们到底在哪里呀？"

这时，学生都哈哈笑起来，那些注意力不集中的学生马上在善意的笑声中打起精神来。

### 案例二

江苏省启东市第一实验小学的虞霞老师，就是巧妙运用了提醒性的语言来让开小差的学生集中注意力的。

虞霞老师在教学两位数加减法的实际问题时，发现班里的小辉正在昏昏欲睡，便说："小辉是个绿化小卫士，在 3 月 12 日植树节这一天，他和妈妈共要植 25 棵树，还有 10 棵没有种，已经种好了多少棵？请小辉同学回答。"

因为叫到了自己的名字，小辉一下子精神了，思考得格外认真。

### 案例三

有位历史老师讲授《秦始皇统一六国》一课时，出示投影片，她对秦始皇的描述如下："秦始皇目光炯炯有神，两眼虎视眈眈，一手指向前方，威严而傲慢的神态，流露出了他当年威征六国、一统天下的勃勃雄心；他头戴挂满珠子的皇冠，身穿绣花龙袍，腰佩宝剑，这身打扮显示了他那唯我独尊、居高临下的帝王身份；他面带微笑，仿佛为自己功高盖世、流芳万代而流露出扬扬自得的满足感。"

学生由于年龄小，自制能力往往较差。在课堂上，许多学生的注意力没有随着教师的思路走，而是跑到别的地方去了。

要能够使学生变"要我学"为"我要学"，教师的授课艺术在起着作用。这就要求教师平时要注意积累教学经验，认真钻研教材，扩大自己的知识面，精心设计，采用最佳的教学语言进行教学。案例一中，张老师就是通过提醒性的教学语言来吸引学生的注意力，让个别思想开小差的学生也尽快地融入教学当中，达到了预期的教学目的。

有的教师经常在课堂中创设民主平等的学习氛围，充分利用语言的幽默感来吸引学生注意力。虞霞老师就是把学生放置在问题情境之中，让他们作为情境中的角色来思考问题。这也是一个很好的办法，可以让每一个学生都参与其中，使每一个学生的注意力都很集中。

还有一些教师是通过语言艺术的变化来吸引学生的，这样既增强了学生的兴趣，也能够使个别思想开小差的学生集中注意力。像案例三中的那位历史老师就是运用了优美、生动、形象的语言描述，把秦始皇的特征刻画得淋漓尽致、入木三分，使学生如见其人、如闻其声，从而很好地吸引了学生的注意力，让学生的思维一直跟着教师的语言走。

## （三）故事性语言在教学中的运用

### 案例一

有一次，安徽省明光市第三中学的知名教师张磊在上课时，发现有个别学生思想正在开小差。

他就马上停了下来，对学生说："现在大家一起听我讲一个故事：毛主席小时候非常爱读书，学习也非常刻苦，很小的时候就能背《三字经》等当时私塾里学的课本。上学后，老师每次留的作业，他都能及时并保质保量地完成，所以，经常受到老师的表扬。

有一次，他为了养成读书时专心致志的好习惯，便来到人群聚集的地方看书。开始时，他总是受到别人说话、走动等声音的干扰，眼睛也不自觉地转向周围的人。但他努力控制自己不要走神，认真看书。时间长了，别人在旁边做什么都丝毫影响不到他。就这样，毛泽东渐渐养成了读书时专心致志的好习惯。从此，他的学习成绩更好了。"

学生听完故事后，都明白了张老师的用心，那几个开小差的学生的注意力也都集中到课堂上来了。

## 案例二

有一位数学教师教"面积的意义"一课时，在学生的注意力很容易分散的时候，他给学生讲阿凡提的故事："巴依老爷看中了阿凡提家中的院子，一心想占为己有，几次刁难阿凡提。阿凡提凭借自己的智慧，爽快地答应了巴依老爷的要求，立下字据：我愿将我的院子的边长60米以10元钱卖给巴依老爷，永不反悔，特立此据。同学们想想，巴依老爷的企图得逞了吗？"

学生在课堂上开小差，主要是学生抗干扰能力不强。面对这种情况，教师可以通过讲故事的方法来吸引学生，对学生进行教育。

案例一中，张老师通过讲故事来集中学生注意力，使学生感受到干扰对学习产生的危害，加深对抗干扰的思想认识。教师还可以通过一些名人故事、名人名言或生活中的事例来对学生进行教育，使学生时刻把注意力集中到课堂上。

在教学过程中，当一节课快要结束的时候，学生很容易开小差。教师要像案例二中的那位数学老师一样，给学生讲一些故事，集中学生的注意力。这样的教学，自然会引起学生浓厚的兴趣，保证课堂教学的效率。

### （四）防止学生注意力分散的具体方法

教师语言运用得不好，既不能起到集中学生注意力的作用，又会影响到整个教学的进程，所以，教师语言的运用必须注重方法。那么，怎样才能运用教学语言有效地防止学生分散注意力呢？

1. 提醒性语言要注意保护学生的自尊心

学生思想开小差是常有的现象，教师及时的提醒是很必要的。但在提醒时，千万不要用过激的语言，以免伤害学生的自尊心。如果教师提醒性的语言充满尊重，就会使学生感觉到教师的爱与期待，从而积极主动地听讲。

2. 设计新颖巧妙的导语

江西省万安县窑头中心小学教师曾金秀在上《田忌赛马》一文时，就较好地运用了悬念式导入法。

刚开课，曾老师就从学生的生活实际出发进行提问："学校举行乒乓球比赛时，去体育组报名，为什么体育老师不给看对方选手的名单?"

这个问题激起了学生探究的兴趣后，才引入新课的教学。通过学习，学生明白了田忌之所以能以弱胜强的奥秘，都争先恐后地抢着回答课前老师提出的问题，从而不仅完成了教学任务，而且使学生原有的课外生活经验和课内知识点达到了有机整合。

新颖巧妙的导语能对授课起到承上启下的作用。它像一根红线把学生的情感与教材内容串起来，给学生带来无限的遐想，牢牢抓住学生的注意力，激发学生的学习兴趣。学生一旦产生强烈的求知欲望，就会积极主动地配合教师，轻松愉快地完成学习任务。

可见，导语设计得新颖巧妙，学生的注意力就容易集中，学生的思维就可以在教师的引导下活跃起来，激发出求知若渴的学习欲望，使课堂教学事半功倍。

3. 提升语言能力，使教学语言更流畅

流畅的语言能对学生产生很强的吸引力。如果教师讲课的逻辑性强，每句话都环环相扣，就能潜移默化地影响学生，无形中牢牢抓住学生的注意力，提高学生思维和语言表达的严密性和规范性。

在课堂教学时，教师要想让全体学生都能跟着自己的教学思路走，就要注意课堂语言的巧妙运用。所以，教师要不断地锤炼自己的教学语言，力求句句精彩，达到吸引学生注意力的目的。

# 五、用探究式语言促进课堂互动

苏霍姆林斯基说过："在人的心灵深处，都有一种根深蒂固的需要，这就是希望自己是一个发现者、研究者、探索者，而在儿童的精神世界中，这种需要特别强烈。"

教师在具体教学的过程当中应该有意识地让教授朝探究化方向发展，避免传统的灌输式教学。而教师运用探究式语言来进行教学，能很好地激发学生探究的欲望，形成良好的师生互动。

什么是探究式语言教学呢？所谓探究式语言教学，就是以探究为主的语言教学。具体来说，是指在教师的语言启发诱导下，以学生独立自主学习和合作讨论为前提，以现行教材为基本探究内容，以学生周围世界和生活实际为参照对象，为学生提供充分自由表达、质疑、探究、讨论问题的机会，让学生通过个人、小组、集体等多种解难释疑尝试活动，将自己所学知识应用于解决实际问题的一种教学形式。

教师的任务是运用探究式的语言去调动学生的积极性，促使学生去获取知识、发展能力。与此同时，教师还要为学生的学习创设探究的情境，引导探究的开展。

在具体实施过程中，教师要力求做到以下几点。

首先，教师要运用探究式语言激发学生的求知欲。

其次，在运用探究式语言时要注意方向的引导，教师需要提出或帮助学生确定探究的问题，并适时调控整个探究过程的走向。

再次，探究式语言的运用要注意引导的深度和广度。当学生的体验不够深入时，应该引导学生步步深入；当学生的思路受到局限时，也应该适时介入，帮助学生打开思路，拓宽思维广度。

最后，教师运用探究式语言要注意面对全体学生。教师必须保证让更多的学生有参与、锻炼的机会。

在课堂教学中，教师的探究式语言可以给学生创设发现问题的机会，引导学生对所学内容进行深入的思考。在课堂教学中，教师要避免灌输式讲解，通过探究式的引导，尽量使学生投入到自己发现问题或深化探究问题的活动中去，以问题为中心展开学习活动，让学生在质疑与探究过程中提高解决问题的能力。教师在教学过程中的作用是为学生主动发现问题创造思考的情境，而不在于刻意地强化知识点。教师运用探究式语言来设置问题情境，要考虑到在具体情境下学生学习动机的激发，帮助学生"学习迁移"，为他们日后的学习打基础。

教师运用探究式语言设计出的问题要能够启发学生深入思考。在学生遇到一时不能解决的问题时，还得充当点拨者的角色，对有关问题加以适当说明；在探究问题结束形成结论的过程中，教师应该放手让学生自己进行总结。

好的课堂设问的提出，最终取决于探究式语言的巧妙运用，而巧妙的探究式语言的运用，能激发师生双方的心灵碰撞，引发情感的共鸣，激发学生主动学习的良好动机，调动学生学习的热情。

从上面的分析我们可以看出，教师不仅要重视自己的语言修养，积极塑造典范教师的语言风格；还要不断研究和实践优美的语言艺术，努力提高探究式语言艺术的表达水平。

## （一）让学生对探讨知识兴致盎然

云南省昆明市五华区永昌二小教师王红在讲授《黄继光》一课时，是这样运用探究式语言的：

王老师说："刚才我们读了第二自然段，知道这一段讲战士们在抢占597.9m高地主峰的战斗中受阻了。我军'屡次'突击都攻不上去，还有'越来越多'的战士负伤。读了这一段，我有一个感觉：我军的战斗力并不强。大家怎么看？"

学生或窃窃私语或交头接耳。

王老师说："看来大家的感受跟我不太一样。要不，咱们再研究研究课文？"

学生先自主阅读探究，然后与同学交流讨论，最后全班交流。

学生1对王老师说："老师，我们的看法正好与你的相反。这一段的第一句话说'战士们像猛虎一样朝敌人的阵地扑去，占领了一个又一个山头'。像'猛虎'可见战士们十分勇猛，充满了必胜的信心。从那个'扑'字，我们更能看出战士们的勇敢和无畏。而且，如果我军的战斗力不强，能占领'一个又一个山头'吗？"

学生2说："我补充一点，这句'在大炮的轰鸣声中……'，'轰鸣'是说轰隆轰隆的声音很大，说明我军的火力很猛，很有战斗力！"

王老师频频点头，说道："你们的体会很好！我提议有同样体会的同学一起来把这句话读一读。"

学生们齐读，然后王老师指名读。

学生3回答："我觉得战斗是双方的事，我军攻不上去，还与敌人的疯狂反击有关。你看，敌人'凶猛地射击'，'他们的几十挺机枪喷射出无数火舌'，交织出'严密的火网'。'火舌''火网'形象地写出了敌人的火力很猛，我军自然难以一下子攻上去。"

王老师夸奖道："有道理！"

学生4说："我们这一组还有不同的看法。我们从老师课前提供给我们的学习资料中知道了'高地'是指战场上高高突起的阵地。这么看来，敌人是在上面守，我军在下面往上攻，自然十分困难！"

王老师高兴地说："你们是说地理位置的不利也是我军突击失败的原因，很有道理！而且，你们还能联系课本外的资料来理解课文，这种方法值得我们大家学习。"

王老师巧妙地运用探究式语言提出一个虚拟的论点，引发了学生无限的思考。这就形成了讨论这一问题的情境，使课堂气氛达到了高潮。

这个案例是从语文教育及小学生的年龄特点出发，它在运用探究式语言来创设问题情境上体现出了以下特点。

首先，探究式语言具有启发性，能激发学生探究的兴趣，引起学生的认知冲突，启发学生的思维。其次，提出来的问题有探究空间。最后，提出的问题少而精。过多过细的问题不但缺乏思考的时间，还会影响课堂教学的整体性。

这个案例也说明，在具体的教学中采用何种方法提出问题，是根据具体的教学内容、学生的年龄特点、学生运用探究式学习的熟练程度而定的。所以在教学过程中，教师要把握好尺寸。

## （二）用探究式语言开启学生思维

福建著名教师宋慧红在讲授人教版语文第十一册《鸟的天堂》一课时，是这样进行的：

上课伊始，宋慧红老师先绘声绘色地描述："同学们，鸟的天堂是我国的一处游览胜地……现在，就让我们跟随导游去游览一下鸟的天堂。"

随即，宋老师开始放映游览鸟的天堂的录像。

学生观看后，宋老师问："同学们想不想知道巴金爷爷是如何描绘这美丽而奇妙的景致的？"看学生有兴致，她又趁热打铁，要求学生自学课文，然后回答几个问题：（1）鸟的天堂指什么？作者去了几次？看到的景象有什么不同？（2）找出描写大榕树茂盛的段落，大声朗读，并想一想这株大榕树有什么特点。（3）提出几个自己感兴趣或不懂的问题和大家讨论。

经过合作探究，学生们最后把问题的焦点集中在"昨天是我的眼睛骗了我，那'鸟的天堂'的确是鸟的天堂啊！"这个句子中第一个"鸟的天堂"为什么加引号？第二个为什么不加引号？

宋老师并不急着把答案告诉学生，而是引导他们联系全文，结合挂图，展开小组讨论。学生经过互相启发，最后达成共识：第一个"鸟的天堂"是对大榕树的特殊称呼；第二个"鸟的天堂"指能让鸟幸福生活的地方，因此没有加引号。

在教学中，宋老师把握时机提出问题：这茂盛的大榕树为什么能成为鸟的天堂呢？一石激起千层浪，一下子把学生的积极性调动起来。通过探究，学生们各抒己见，最后相继得出以下四个理由：（1）树大叶茂，鸟能筑巢；（2）环境幽静，适合孵卵；（3）紧挨大树，不愁食物；（4）农民爱鸟，因而无人伤害鸟。这个相当全面的答案，表明学生通过自学理解了课文内容，不仅掌握了知识，而且懂得了许多道理。

从这个案例我们可以看出，教师运用探究式语言可以使课堂导入具有强烈的吸引力，也能够开启学生的思维，使他们跟随教师的提示来开展探究活动。

## （三）用探究式语言提高学生解题能力

著名教师李欢在讲授人教版一年级数学下册中的《解决问题》这课时，是这样教学的：

他先用多媒体动画：随着小鸟叫，小鹿跑的声音，出示"热闹的小河边"图，然后问道："看到这幅画你想到了什么？"

学生1回答："我想到这个地方很漂亮，小鸟、小鹿、小鱼都很快乐。"

学生2回答："我想到这儿的环境很好。草很绿，树很旺，我想到这个地方玩。"

接着，画面出声："看，有15只小鹿"。接着，在一只小鸟的嘴边出现文字。稍停，画面再次出声："有17只小鸟，飞走了8只。"接着在一只小鹿的嘴边出现文字。

李老师问："看到现在的画面你又想到了什么？"

学生3回答："我想提个问题。"

李老师夸奖道："这位同学不光欣赏大自然的美丽，还想提问题，真是好学生。你想提个什么问题？"

学生3问："15只小鹿，跑了几只？"

学生2问："我也想提个问题，树上有几只小鸟？"

学生4问："我觉得这样说更好。有17只小鸟，飞走了8只，树上还有几只？"

李老师夸奖说："这个同学说得真完整，给他鼓掌。"

学生们高兴地鼓掌，同时还有许多同学要求发言。

学生5问："有13条鱼，游走了7条，还有几条鱼？"

学生 6 问："飞走了 8 只小鸟，树上还有 9 只，一共有几只小鸟？"

学生 7 问："左边有 6 条小鱼在游玩，右边游着 7 条鱼，一共有几条鱼？"

……

李老师问："刚才，同学们提出了很多有趣的问题，那么怎么解决这些问题呢？请同学们在小组内讨论一下吧！"

学生小组开始讨论。

李老师说："刚才，大家讨论得很热烈，那么现在咱们先解决跑了几只小鹿这个问题。"

学生们纷纷举手想回答问题。

学生 2 回答："$15-6=9$，跑了 9 只小鹿。"

李老师问："你是怎么算出来的？"

学生 2 回答："因为 $6+9=15$，所以 $15-6=9$。"

学生 4 回答："也可以这么算：$10-6=4+5=9$。"

李老师问："同学们想出了不同的方法，很好。具体计算时，你喜欢什么方法就用什么方法。"

学生 5 回答："我也会 $6+9=15$，$15-6=9$，$10-6=4$，$4+5=9$。"

李老师说："你真棒，会两种方法。做题时，选一种就行。下面算一算，树上有几只小鸟？"

学生 4 说："把题说完整更好算。有 17 只小鸟，飞走了 8 只，树上还有几只小鸟？$17-8=9$，树上有 9 只小鸟。"

……

李老师首先从学生的兴趣和爱好入手，运用多媒体，以动画的形式出示书中的插图，使学生获得信息，然后运用探究式的语言来激发学生探究数学问题的兴趣，提高学生自己解决问题的能力。这样做，既培养了学生自主学习的能力，又培养了学生的探索精神和创新意识，可以说一举多得。

## （四）运用探究式语言的具体方法

既然探究式语言在教学过程中的运用这么重要，那么教师就应该重视和学习这种语言方式的运用技巧，从而提升教师的教学语言能力。

### 1. 把握准确性

教师的探究语言首先要准确。教师要善于发现学生的认知矛盾，甚至寻找契机制造一些矛盾，通过认知矛盾来激发探究式语言的生成，引起学生的认知冲突，进而激起学生求知和探究的欲望，进而引导学生主动发现问题、解决问题。

### 2. 注重开放性

教师语言的开放性，是指教师在课堂教学中所运用的语言，不能一成不变，而是开放活跃的。在这个语境中，师生思维活动呈双向开放态势，通过合作讨论，能很好地引发学生进入积极研究的学习状态。例如，在教"东施效颦"这个成语时，一般是这样来讲解的：用来比喻胡乱模仿，效果很差。若运用探究式语言则会引发出另一番思考：东施她认识到自己不美，所以认真向美的人学习。爱美之心人皆有之，她这种行为比那些明知自己不好却不去好好学习的人不是更有进步性吗？通过这样的语言探究，学生的思维就会活跃起来。

### 3. 善于抓住教材和学生理解中的不确定因素，创设问题情境

教师在课前要做一些有效的教学设计：哪些句子要重点练读，哪些地方要想象说话，什么时候应拓展阅读，什么环节要安排演画等。准备充分以后在教学过程中还要灵活安排探究式语言，从而达到探究与训练有机融合的理想境界。

例如，在学习课文《在马克思墓前的讲话》一课时，有一位教师让学生分析"停止思想""永远睡着"的语言特色。学生们一致认为作者是运用了修辞方法。这位教师就随即提出："这种修辞方法到底是'讳饰'还是'避讳'呢？"这一探究式语言的运用，就促使学生进入积极思考的状态，获得了很好的教学效果。

4. 要辩证地处理好学生探究与教师指导之间的关系

教师在运用探究式语言提出问题后，要把重点放在如何引导学生去探究上。在强调学生自主性的同时，也不能忽视教师的指导作用。要特别对学生进行适时的、必要的、谨慎的、有效的指导，以达到让学生真正从探究中有所收获的目的。

教师在具体的教学中要多运用探究式语言进行教学，引导学生学会思考问题，分析问题，解决问题。这样学生的探究能力就会不断地得到提高，教学的课堂效果也会得到提升，实现师生教学双赢。

# 六、语言要具有文学性

苏联历史教学法专家卡尔曹夫说："教师跟作家相仿，他是课堂教学的口头叙述的创作者……鲜明的、动人情感的叙事，跟描写是分不开的，教师在叙述往事时，应当在他的叙述中仿佛把过去重建起来。"

教师的语言要具有科学性，同时也要求我们具备文学性，要让学生在接受知识的同时享受教学语言的魅力。文学性语言能更多地吸引学生的注意力，调动学生的兴趣，增加学生听课的积极性和主动性，让学生在听后对知识产生鲜明而深刻的记忆。

## （一）把知识用文学性语言表达出来

### 案例一

著名教师陈达群在讲到法国二月革命的消息传到沙俄首都彼得格勒时，是这样描述的：

"富丽堂皇的皇宫舞厅里，灯红酒绿，沙皇尼古拉一世正在和他的臣僚们翩翩起舞。突然，一位侍卫官匆匆走进，附在沙皇耳边低声说了些什么。沙皇脸色立刻变得阴沉灰暗，并歇斯底里地喊着：'各位将军，备上战马，巴黎发生革命啦！'舞厅顿时呈现出死一般的寂静。"

陈老师对凡尔赛和会召开前巴黎的气氛则作如下描述：

"1918年的年底和1919年的年初，第一次世界大战的战火刚刚熄灭，火药的硝烟尚未散尽，在法国的巴黎，街道两边却是旗帜飘扬，车水马龙，万头攒动，人声鼎沸。

"在熙熙攘攘的人群里，除了欧洲人之外，还可以看到从东方来的中国人、土耳其人、波斯人、阿拉伯人……从非洲、美洲来的黑人。他们当中有政治家、学者、新闻记者、商人和企业主，以及来自世界各地的游客、冒险家和骗子、僧侣、教士和王公贵族，也有亡命之徒和无政府主义者。

"他们肤色各别，服饰殊异，语言不同，巴黎人仿佛觉得自己置身在《天方夜谭》里的阿拉伯古老动人的神话之中。"

通过陈老师优美的语言，学生的学习激情迅速被激发出来了。

## 案例二

江苏苏州吴县中学的知名教师张华中在讲完"红色政权的建立和发展"后说："毛泽东同志关于红色政权的理论和实践，像一片阳光，拨开了怀疑悲观的阴霾；像一阵春风，温暖了万千战士的心胸；像一座灯塔，照亮了革命前进的征程！"

张老师在讲"三大战役的伟大胜利"一段时，加了这样一段话："中国曾是一个多战之国，战争如影随形地紧跟历史的步履。从传说中的黄帝大战蚩尤以来，中国的历史充满了血与火的战争。战争，仿佛是两面神——它是死亡之神，也是新生之母。不义之战使百姓生灵涂炭，而正义之战则使人们获得新生。

"公元20世纪40年代在中国大地上展开的辽沈、淮海和平津战役，是中国历史上一场最为壮观的战争，它是决定中国人民命运的殊死之战。辽沈战役以其宏伟磅礴的气势，壮烈豪迈的情怀展现了这场决战'三部曲'的第一乐章。"

张老师用自己独特的极具感染力的语言，营造了强大的磁场，深深地吸引了学生的注意力。

案例一中，陈达群老师的语言一动一静，形成了强烈的对比，揭示了沙皇仇视革命的狰狞面目和急于镇压二月革命的心情。而后面带有文学色彩的描述，为理解巴黎和会错综复杂的矛盾埋下了伏笔。这显示出张老师作为优秀历史老师在语言上的造诣。

而案例二中，张华中老师连用三个比喻，构成了诗一样的意境，表达了对革命的热烈希望和坚定信念，并豪情满怀地歌颂了毛泽东思想，给予人们一种极大的鼓舞力量。富有文学色彩的引言，有议论，有抒情，既集中了学生的注意力，又激发了学生的思维，为讲述做好了充分的铺垫。

在现实当中，有的教师学问虽然渊博，满腹经纶，但由于语言表达不好，课堂上常出现词不达意、言不传情的语言，因而教学效果也不理想。因此，一个合格的教师，为确保教学质量，在不断探究专业知识和教学方法的同时，还要不断提高自己的语言素养。

具有高超语言魅力的教师，善于运用精心设计的、闪耀着智慧火花的教学语言，把枯燥的道理讲得生动，把静态的现象讲得鲜活，启发学生去探索、去挖掘，使学生的思维处于活跃的状态，可以大大地提高学生的学习效率。

## （二）让课堂像文学讲座一样吸引人

吴县中学的知名教师张华中，是这样讲述鸦片输入中国以后的情景的：

"1840 年以前的中国，从沿海直到内地的大小城镇，贩卖和吸食鸦片的烟馆，像毒菌似的滋长起来，掀开每个烟馆的门帘朝内一望，只见烟雾弥漫，一些面如死灰，两颊泛起青色的吸毒者，横卧榻上，手握烟枪，对着一盏鬼火一样的烟灯，双肩耸起，'吱吱'地狂吸着。由于吸毒者一般都是晚间过瘾，长夜不眠，白日昏睡，因而人们称他们为'大烟鬼'。东南沿海的一些小圩集，十几二十家店铺里，烟馆常占半数以上。中国的白花花的银子，淌水似的流到了英国的船上。"

对于"张勋复辟"，张老师是这样讲的：

"辫子，这是清朝人最典型的外表特征。辛亥革命推翻了清朝皇帝，人们剪掉了辫子。张勋和他的部队，为表示对清朝的忠诚，却仍然留着辫子，被称为'辫帅'和'辫子军'。

"七月一日，张勋又把 12 岁的早已下台的清帝溥仪重新抬出'登基'。瞬时间，遗老遗少又都出来了，他们以行旧礼穿旧袍为荣。当时，清朝服装已多不见。于是，这些复辟狂就到戏班子里、沽衣店中去抢购。头发一时长不出来，遗老遗少就纷纷到戏装店里央求老板用马尾给他们做假发辫。

"然而，历史是不以人的意志为转移的。这场闹剧只演了短短 12 天。当北京城四周讨逆军枪声一响，那些银样蜡枪头的辫子兵和复辟狂们顿时乱成一团，又找剪子又操刀，'咔哧咔嚓'，一个个蓬头散发，作鸟兽散了。北京城里大街小巷，到处扔的都是辫子。'辫帅'张勋呢，一骨碌钻进荷兰使馆躲了起来。不久，就死掉了。"

从张老师优美生动的表述可以看出，历史课堂上的语言也可以有艺术性和文学性。张老师在讲烟毒时，运用的一个比喻，多么贴切；一个镜头，多么突出；一个绰号，多么生动；两个数的比较，又是何等具体深刻！寥寥数语，再现了当时烟毒泛滥的景象。

而"张勋复辟"这段史实，教科书上的叙述仅有数十字。如果教师照本宣科，这种单调、呆板的讲述，只会增加学生思维的疲劳，怎能不使学生感到"索然"呢？

张老师从"辫帅"讲到"辫子军"，从剪辫子讲到做辫子，从装辫子讲到扔辫子。虽然言语不多，却抓住了富有特征的辫子做足了文章。一个"闹"字，一个"短"字，点出了"复辟"的本质，再现了"丑剧"的场景，它给学生留下的不是空洞乏味的说教，而是具体鲜明的印象。

从以上这些片断可以看出，掌握课堂语言的艺术性对于一位教师来说是非常重要和必要的。我们教师应该不断地锻炼自己的语言艺术，让学生在学习比较枯燥的知识时，也不会觉得干瘪无味，反而为教师的讲解、表述所着迷，从而达到意想不到的教学效果。

贴切的比喻能启发学生联想和想象，精当的设问和反问能造成悬念，启发学生深究本质，流畅的排比能激发学生感情的波澜，反复强调能加深学生的印象。教师课前都应反复练习，做到胸有成竹。这样在课堂上，教师的语言闸门一打开，知识就会如清泉之水汩汩地流入学生的心田。

## （三）提升语言文学性的具体方法

### 1. 增强课堂语言的情感色彩

课堂语言应该充分发挥出教师的个人魅力，要富有文采，饱含感情，做到以言感人，以情动人。如讲述中国古代史《明清文化》一课时，教师可以介绍徐光启的科技成就、忧国忧民思想以及他最早接触的西方科技。在讲述他最早察觉到中国科技落后于西方之后，可以添加一个徐光启之死的细节：徐光启71岁死于大学士官位，"盖棺之日，囊无余资，"据说只有白银10两。一品大学士，不置家产，多少年来为后人所钦佩。

教师将强烈的爱憎分明的情感，渗透在低沉而又坚定的话语中，可以起到以言感人、以情动人的作用。不仅对学生产生极大的感染力；也能启发学生从优秀科学家身上学习崇高的价值观。

情感是教学语言的一个重要因素，它是沟通师生心灵的桥梁。富有情感语言，不仅能影响学生的认知水平，而且也能影响学生的人格结构。"感人心者，莫先乎情。"且情感与智力因素紧密相关，没有情感活动的参与，学生的认识活动所产生的效力要小得多。

苏霍姆林斯基曾说过："教育艺术的全部奥秘也就在于如何爱护学生。"教师要对学生充满爱护与尊重，要热爱教学工作，在讲课时把教师的责任感融入课堂教学中。

### 2. 增加课堂语言的幽默感

幽默感是教学语言产生魔力的必备要素。在教学中庄谐并举，寓庄于谐，可以调节学生的心理节奏，活跃气氛，强化对知识的形象记忆。

教师的幽默是一种潜在的素质，幽默感不是一天两天培养出来的，需要教师长时间的学习和实践。教师要努力提高文学修养，掌握较为丰富的语汇。例如，多读一点原始资料，多翻一翻小说以及其他文学作品。这些对教师语言水平的提高大有裨益。

### 3. 注重课堂语言的通俗性

通俗性应该成为教学语言的一大特色。这要求教师要能结合学生的年龄层次、知识水平和心理特征，尽可能地使书面语口语化，做到深入浅出，用学生易于理解和接受的语言讲解难懂的概念。

总之，教师要尽全力发挥课堂教学语言的艺术魅力，让学生在学习过程中既能接受知识又能享受语言魅力。所以，教师应该像作家学习，学习他们作品里的文学素养，并把这种素养化为自己优美生动的语言，去吸引学生的注意力，调动学生学习的兴趣，获得较好的教学效果。

# 七、说话要张弛有度

优美的钢琴演奏之所以使观众陶醉，乐曲本身创作得成功当然是一个重要因素，但更重要的是弹奏者的艺术发挥。钢琴家通过自己的再创造把优美的旋律传达给听众，感染听众，也把自己的感情传达出去并有效地调动听众的感情。教学要达到成功的目的，教师也应像钢琴师一样，讲究节奏，张弛有致，给学生以美的享受。

课堂教学是教师与学生教学相长的活动，是一个十分复杂的过程。为了优化教学效果，教师应该高度重视课堂教学语言的节奏。

和谐的教学节奏能自始至终牵动学生的注意力，维持学生的热情，使课堂教学跌宕起伏、张弛有度，从而轻松愉快地实现教学目的，完成教学任务。

如果教师的教学语言不注重张弛有度，说话节奏过快，单位时间里的信息量过大，学生思维就跟不上教师的讲授；若说话节奏过慢，过于单调，就难以稳定学生的注意力，甚至会使学生出现不耐烦的情绪，严重影响教学效果。

合理的语言节奏是教师课堂语言成熟的重要标志。作为一名合格的教师，更要全面提高自身基本素质，主动加强口语强化训练，让自己的教学语言张弛有致，吸引学生的注意力。

## （一）张弛有致的语言易于领会文章意思

广东省深圳市新安中学吴泓老师在讲授《再别康桥》时，设计了这样一段话："1920 年，24 岁的徐志摩来到康桥，度过了他一生中最美好的青春岁月。在康桥，他与秀外慧中的一代才女林徽因的美丽爱情，由此而萌发了汩汩诗情；在康桥，他陶醉于如诗如画的美景中，正是那粼粼水波开启了诗人的性灵；在康桥，他接受了'爱、自由和美'的个性主义熏陶，正是那'爱、自由和美'的康桥理想给了他人生的追求。正如他自己所说的：'我的眼是康桥教我睁开的，我的求知欲是康桥给我拨动的，我的自由意识是康桥给我胚胎的。'的确，康桥造就了灵性的徐志摩，给了他无尽美好的回忆。"

在讲授第一小节时，他轻而缓地说："诗人连用三个'轻轻的'，使我们仿佛感受到诗人踮着足尖，像一股清风一样来了，又悄无声息地荡去；我们仿佛看到诗人不愿打破康桥的宁静，依依惜别，飘逸而洒脱。"

这种舒缓的语言仿佛把学生带到了老师所描绘的意境之中，让学生有身临其境的感觉，使学生能很好地领会作者的思想感情。

结尾时，他又用深沉而缓慢的语调说："徐志摩因为《再别康桥》获得了诗坛上的巨大声誉。然而可惜的是，满腹才华的徐志摩，一个灿烂的年轻生命，最终只是像一颗流星划过了诗歌的天空，化作了西天的云彩。1931年，徐志摩乘飞机在山东济南遇难，年仅35岁。噩耗传来，文坛震惊。当时文坛领袖胡适痛呼：'天才横死，损失的是中国文学。'的确，他就这么悄悄地来了，又这么悄悄地走了。虽然他没有带走人间的一片云彩，但他将传世的《再别康桥》留给了诗坛，也把永远的思念留给了我们。今天，当我们欣赏《再别康桥》时，也在感受着'爱、自由和美'的熏陶。"

教师的课堂教学语言要饱含真挚的感情，才能使学生的情感受到感染，引起心理上的共鸣，从而达到感知教材、加深理解、促进思维、巩固记忆的教学效果。

在上面案例中一开始，吴老师就设计了一段"排比句"的教学语言。不仅增强了语势，而且准确地将徐志摩对康桥的感激、眷恋之情传达给了学生。

在结尾时，吴老师用诗意的语言，将自己对一代诗人的惋惜与不舍表达得淋漓尽致。而学生在老师张弛有致的语言中，逐步把握了诗的精髓，提升了精神境界。

## （二）声调和情感节奏的完美运用

### 案例一

我们来看一看北京三中的历史老师朱尔澄是怎样运用声调变化的。在讲到"十月革命一声炮响，给中国送来了马克思主义，中国人民觉醒了，在中国共产党的领导下，中国人民的革命斗争便进入了一个崭新的时期"这段文字时，朱老师的声调陡然高升，雄浑而激扬、坚定而豪迈，充满信心和希望。这种语言表达给学生带来豁然开朗之感。

### 案例二

在讲授初一《思想政治》"纪律是革命胜利的保证"时，一位教师讲述了邱少云烈士的故事。随着故事情节的发展，教师的情感也有节奏地变化着。

讲到英雄时，他满怀崇敬之情；讲到敌人时，则流露出憎恨的神色；讲到烈火烧到邱少云身上时，他的语气表现出强烈的急切之情；讲到烈士壮烈牺牲时，他声音呜咽，语调低缓悲壮；讲到战斗胜利时，教师则喜悦满怀、语调明快……

从上面的案例中我们可以看出，教师语言的张弛有致，可以通过声调的变化和情感节奏的变化来达到。

平淡低沉的声调或是慢慢吞吞的节奏，会使课堂气氛太沉闷，学生昏昏欲睡。相反，如果总是高亢震耳的声调，则会影响学生思考、品味，同样会引起疲倦。恰到好处的声调节奏，能满足学生听觉的需要，符合学生思维活动的规律，可以达到好的教学效果。

在案例一中，朱尔澄老师声调节奏的变换，使学生感受到：马列主义传入中国，中国共产党的诞生，使中国革命的面貌为之一新。

情感节奏是指教师情感表达得浓淡、高低、强弱等有规则、有秩序地变化。案例二中，那位教师在整个故事的讲述过程中，情感不断变化，对学生的情感产生了潜移默化的影响和熏陶作用。由此可见，教学情感节奏的调节应依据教学实际内容，服务于教学。

教学内容蕴涵的情感变化层次主要为：或欢快、诙谐和幽默，或庄重、肃穆和沉重，或舒缓、悠闲和轻松，或强烈、紧张和急迫。这些都是调整情感节奏的重要依据，也是控制教学语言张弛有致的重要依据。

## （三）在教学的关键之处要张弛有致

### 案例一

著名特级教师斯霞上课就很清楚地知道什么地方该起，什么地方该伏。斯霞老师讲课时，讲到主要的地方，重复一遍；讲到快乐的地方，就自然地露出微笑；讲到愤怒的地方，情绪就很激昂；讲到悲伤的地方，声音变得很低沉。这种语句的变化，语调高低的交叠，情感的起伏，就形成了一种节奏。

### 案例二

在讲"科学人生观"时，有位老师挂起一幅油画《母亲》。这位政治教师讲道："看到这幅充满感情的油画，我们仿佛看到了赵云霄烈士当年在狱中写遗书的情景：阴暗的牢房里，烈士身戴刑具，怀抱婴儿，借着铁窗透进来的微光，伏在膝上吃力地写着，泪水洒在纸上……我们又仿佛看到了烈士赴刑场前同婴儿诀别时的情景：她遍体是伤，怀抱婴儿，泪水沿着她的面颊和胸膛流进婴儿的口中。这不懂事的婴儿呀！你可知道，妈妈是用血和泪在抚养你！妈妈就要和你永别了，你要快快长大，完成爸爸妈妈未竟的事业！"

两位老师都在教学关键之处注意语言的张弛有致。在教学的过程中，教师的语言不能胡乱地高低起伏，要该快则快，该慢则慢。

不同的节奏会产生不同的教学效果。适宜的节奏，有促进教学的积极作用，而不当的节奏，则会对教学产生消极的阻碍作用——这是由于节奏和教学之间，存在形式和内容的辩证关系。适宜的节奏，作为教学的适宜形式，可以使教学内容获得充分的表达。

案例二中的那位教师，以饱满的激情讲述教材，他的语言严肃而坚定，愤怒而悲壮，使师生的感情得到共鸣，让学生充分认识到：爱国志士为了改变近代中国社会的黑暗和贫弱，而舍身报国，从而激发出强烈的爱国热情，立志成才，报效祖国。

## （四）提高语言张弛有致的具体方法

教师的教学语言节奏的快慢，直接影响着学生的思维活动。节奏好的教学语言，似行云流水，流畅而富有感染力，能让学生的思维紧随着老师的语言而跳跃，从而达到活泼紧张的课堂效果。

语言的节奏要以教师感情变化为基础，更要和教学内容本身相一致，做到快慢得当，高低适宜。那么，我们教师如何才能做到很好地把握自己的语言节奏呢？

### 1. 把握好语言的连续性

连续是节奏的首要因素。课堂语言的连续，不仅影响教师对教学内容的准确表述，更会影响学生的听课状态以及课堂整体效果。

语言连续的基础来自于对教学内容和教学对象的整体把握。所以教师在教学前要认真备课，充分把握教学内容，明确知道自己要讲的是什么，要大致知道在讲课过程中可能出现哪些问题，对于教学重点难点要从哪几个方面，用哪几个步骤去呈现和突破。

连续的课堂语言，要避免废话、空话。在讲课过程中，我们要经常回头检查自己的教学语言，尽量消除无意义的、易产生歧义的、容易导致学生注意力分散的废话，努力使课堂语言精练、准确。

连续的课堂语言承载着连续的思维、严密的逻辑，使得课堂教学整体贯通、一气呵成。

### 2. 把握好语言的停顿

教师在抛出一个明确的问题之后，需要简短的停顿，给学生以思考的时间。此时一般性的提示都是对学生思路的打扰。我们教师在组织教学语言停顿时，要目光环视四周，这样对学生分散的注意力有着较强的暗示作用。

### 3. 把握好语言的过渡转换

教师合理的过渡语言在知识间起着衔接作用，能够使课堂流程更和谐自然，既可以提高课堂教学的整体性，也能够使繁杂的教学内容在学生大脑中形成内在的联系。

例如，引题是课与课之间的过渡，它的目的是对学生已有的知识进行激活和唤醒，同时设法把学生的注意力引入到本节课的内容上来。课堂中间的过渡，是不同知识点之间的转折，旨在保持课堂思维的连续性、教学内容的系统性和教学流程的和谐性。

不论哪一种过渡，我们语言的简洁、精练、准确、富有感染力，能够承上启下。这往往需要教师在课前准备时就有所考虑。

### 4. 把握好语言的起伏

起伏是节奏的重要表现形式，它是一种速度、强度与时间的关系，直接影响着整体节奏的表现效果和学生的听觉反应以及情感反应。教师语言的起伏及它所引起的节奏变化对于课堂教学效果至关重要。

教师语言的节奏变化主要应注重两个方面：强度上的轻重和速度上的缓急。

以上主要是从语言技巧方面对教师课堂语言节奏进行的简单阐释。需要强调的是，把握好课堂语言节奏的最关键要素是教师的精神状态，饱满的情绪是教师语言感染力的重要来源，而这又取决于我们教师对课堂教学本身、对学生的成长、对教师这份职业的情感态度。

教师的课堂语言应做到张弛有致，这样才不会让学生在听课的过程中昏昏欲睡，而是在教师抑扬顿挫、富有激情的语言中积极地投入到学习中。

# 八、语言双保险：既科学严谨，又形象生动

一般来讲，文科类的教学语言比较好发挥，因文辞优美的课文常常让我们的语言形象生动，富有激情，学生也听得津津有味。但理科因其自身枯燥、严谨、逻辑性强等特点，很容易使我们的语言严谨刻板，从而不容易引起学生的兴趣。

如生物课，作为一门自然科学，它的研究对象是纷繁复杂的生物界，主要研究生命现象和生命活动规律。在具体的教学中，生物教师必须掌握高超的语言技巧，才能将学生引入生物的殿堂，探索生物的奥妙，感受生命的瑰丽，体会自然界的千姿百态。

生物教学要求教师的教学语言必须具有很强的科学性和艺术感染力。科学性是鉴于其自然科学的特点而言的，它追求语言的逻辑缜密、科学规范、简练准确。艺术感染力则是出于吸引学生注意力的考虑，它要求语言形象生动，富有激情，使其如同观看演出一样和教师的教学产生共鸣，达到教学互动、相长的目的。

这就要求教师既不能"老学究"式地进行术语化讲解，也不能借题发挥，重表演、轻主题。而是应该视教学内容而定，适当地用轻松的语言处理较为复杂的问题或者知识点，使学生易于接受，达到喜闻乐见，耳熟能详的效果。

这就需要教师主动地去筛选合适的教学语言。那么，怎样的语言才是课堂语言的首选呢？答案是既含有科学性又含有艺术性的语言。

课堂教学语言的科学性是学生获得正确认知的保证，如果我们在教学中用含糊的语言，把错误的知识传授给学生，就会影响教学质量，误人子弟。而课堂教学语言的艺术性是开启学生智力、培养学生能力的重要手段。只有科学性和艺术性都能够很好地把握，课堂教学才能达到理想的效果。

## （一）适当渲染，让语言更具震撼力

为了使学生对课本内容产生鲜明的印象，著名教师郭学民在高二《生物》教学中讲到生动有趣的适应现象时，常采用比拟法讲述：

保护色——"我不在这里"；警戒色——"我在这里，但不要碰我"；拟态——"我不在这里，我是××"，等等。运用比拟法讲课，既能使课本内容呈现得形象、新鲜，又能使学生的思想产生跳跃性，还能丰富学生的想象力。

郭老师在讲到达尔文的自然选择学说的过度繁殖时，他通过生动有力的数据进行了这样激情的讲述：

"地球上的各种生物都野心勃勃，都想称雄称霸。请看一组数据——家蝇每10天就能繁殖一代，每代产卵1000个，如果这些卵都能成蝇，那么一对家蝇在一年内的后代就能覆盖整个地球表面；一只草履虫一年内繁殖的后代可达7.5×10（109个零）个，这个数量的草履虫用一个以地球到太阳的距离为直径的太空星球也装不下……"当学生听到这些直观具体的数据时，都对生物的繁殖能力惊叹不已！

一般来讲，课堂语言要讲究形象、生动、趣味性。因为学生在学习的过程中，由于外在因素或个体的自身原因，会遇到这样或那样的思维障碍，影响对知识的理解和记忆。教师通过形象、生动的教学语言对教学内容进行适当渲染，可以带来意想不到的效果。

然而，课堂语言更要具有科学性、直观性。科学性的语言是引导学生正确理解和掌握知识的前提。教师在教学过程中要运用准确的概念，正确的判断，严密的措辞，不能含糊不清或模棱两可，更不能有错误。

虽然其他学科的教师没有经历过语文老师那样系统的语言培训，但在平时的课堂上，还是应当反复推敲教学语言，力求在教学中做到语言严密、科学。如果我们不经思考，就随意地使用语言，不仅不能让学生掌握知识，甚至会使简单的知识复杂化，增加学生学习的难度，浪费学生的时间和精力。

比如，有一部分教师常用一些容易混淆的教学语言，对学生掌握新的知识产生干扰。例如，在教学中，学生很容易把胚盘和胎盘张冠李戴，其实胚盘是动物卵上形成胚胎的盘形区域。凡含丰富卵黄、体积很大的卵，如鸟类、爬行类和软体动物头足类等的卵，其原生质都集中在一端（动物极），呈小盘状，卵原核也在这里，受精后卵裂仅在此区域内进行，是形成胚胎的基础。而胎盘是哺乳动物真兽类的胎儿与母体组织共同组成的、进行物质交换的一个特殊附属器官。

因此，我们首先要让学生明白它们的定义，然后再让它们进行区分。由此可见，教师的教学语言一定要严谨、科学。

## （二）用形象生动的语言让学生记忆深刻

在讲动物的《先天性行为与学习行为》时，江苏省张家港市第一中学的知名教师周颖，以小故事"偷牛奶的贼是谁？"导入，然后介绍大山雀的学习行为，并提供"黑猩猩和猴摘香蕉比赛"的资料，最后师生共同分析动物的模仿、推理、判断等高级行为。

在讲述细胞衰老的特征时，为了让学生有深刻的记忆，她竟别开生面地提问："玉兰油护肤系列的广告语是什么？"

"肌肤水嫩细白。"学生抢着回答。

周老师点头："水嫩说明了什么？"

"水嫩说明细胞充满活力。"

周老师通过这样形象的引导，再接着讲述细胞衰老的其中两个特征："衰老的细胞中含水量较少；细胞内的色素会随着细胞衰老而逐渐积累。"

另外，她在教学中，还用"满园春色关不住，一枝红杏出墙来"来讲解生长素引起的植物的向性运动；用"人间四月芳菲尽，山寺桃花始盛开"来讲解生态因子；用"望梅止渴，画饼充饥"等来讲解条件反射中的第二信号系统。

教师运用的语言既要有利于调动学生的积极性，又要激发学生用多种分析器官协同活动，这就要求教师的语言要形象生动。

周老师通过丰富多彩、形象生动的语言来引导学生分析问题，既抓住了学生的注意力，又调动了学生学习的积极性和主动性，产生追求答案的求知欲，最终达到理解知识的目的。

周老师形象生动的语言，既能在课堂上巩固练习，考查学生对新知识的理解和掌握情况，做到有针对性地讲解、辅导，又可以启发学生举一反三，产生丰富联想。

周老师结合教学内容穿插一些短小而富趣味性的文学知识，为学生提供一个个生动形象的情景，使学生在乐趣中产生丰富的联想，增强了记忆的持久性。

## （三）语言艺术既严谨又生动的具体方法

在课堂教学中，如何巧妙地运用语言艺术，把深奥的事理形象化、抽象的事物具体化；将无声的文字变成有声的语言，生动地再现教材的主要内容呢？我们在运用语言时，主要应注意以下几个方面的技巧。

### 1. 形象生动化：融"美育、德育、智育"于一体

教师要对自己的教学语言反复推敲，仔细揣摩，力求达到寓美育、德育、智育于一体的教学目的。

学生对美的感受、对知识的获取、对能力的锻炼需要教师来引导，尤其需要教师的语言引导、规范。

教师运用形象生动的语言，既可把学生身边的生活描摹得五彩纷呈，培养其生活、热爱人生的品质；又可引导其注重科学探索的重要性，激发和调动他们学习的兴趣和积极性，同时可以帮助他们树立良好的世界观和人生观。

### 2. 科学严谨化：阶梯性提问分解模糊问题

当学生因智力水平或努力程度不够等原因，在解决难度较大的问题显得力不从心时，就需要教师助其一臂之力。

语言点拨就是指在学生的思维或语言产生障碍时，教师采用精练恰当的语言进行点拨，帮助学生突破障碍，打开思路。

在教学的实际运用中，我们可以用辅助性的方式来点拨，例如，当我们

讲完"爬行类"这一章节后，若直接让学生回答"为什么青蛙和鳖都既能生活在水中，又能生活在潮湿的陆地，但它们却不属同类生物"这一问题时，不少学生会遇到一定的困难。

这时教师可设计几个带有阶梯性的问题进行点拨：

①二者的呼吸方式有何不同？

②二者的皮肤有何不同？

③二者的生殖和发育有何不同？

通过这样的分解，学生便可由表及里地抓住事物本质，解决学习中的难点，形成良好的认知结构。

3. 开门见山，直入主题

在教学中，教师也可以采用直截了当、开门见山的点拨方法。例如，学生有时解答问题，尽管心中清楚，但由于对个别词语的遗忘，或表达水平有限，一时难以找到恰当的词语，导致"水壶装饺子倒不出来"。这时，教师可直接给学生提供词语，帮助其越过语言障碍，得到答案。

4. 以点带面，层层深入

教师集中解决某一问题时，可以由点到面、由此及彼进行点拨。例如，讲"生物进化的规律"时，生物教师可点出鱼类、两栖类、爬行类、哺乳类的生活习性、形态结构、生理特征的异同，这样学生就不难发现生物的进化规律是由水生到陆生，由简单到复杂，由低等到高等。这样，教师总结出规律性的东西，加深了对问题的理解，使其思维具有深刻性。

教师还可以以教学内容为中心引发出与之相关的内容来引发学生思考。比如，在引导学生阅读"遗传工程"这段短文时，教师可抓住克隆技术这个概念，由点到面地进行点拨：克隆技术可消除遗传疾病；可制造人的各种器官，可使灭绝的生物复活，可使动植物实施车间化生产等。这种引导方法，使学生想得更多、看得更远，思维呈辐射状态，具有扩散性、广阔性、灵活性。

5. 间接引导

教师有时候可以不直接点明怎样思考，而是间接地、旁敲侧击地、曲折地进行点拨。例如，讲"血液循环"时，让学生回答"左心房连接的血管是动脉血管还是静脉血管？其中流动的是动脉血还是静脉血？"当学生答不上来时，教师可采用从旁点拨的方式进行启发："和左心房相连的血管的血液流向何处？它的另一端连接的是什么器官？这个器官的作用是什么？"这样学生便会茅塞顿开，不仅知其然而且知其所以然，从而加深了对问题的理解。

在课堂教学中，教师在运用专业的学科语言时，既要注重它的科学严谨性，又要注意用形象生动的语言增强课堂对学生的吸引力，让学生融入趣味盎然的学习当中去，从而提高课堂教学效果。

# 第 四 篇

# 说话要讲互动：
# 平等尊重　双向沟通

　　根据新课改的精神，新课程的教学要求师生平等对话，双向沟通。师生在交流中分享彼此的思想、观念，在沟通中了解对方的思考、见解，互补有无，取长补短。要让学生主动敞开自己的心扉，坦露自己的心情和观点，老师也应多多倾听，多多理解。让老师从高台上走下来，让学生有尊严地站起来，说自己想说的话。老师不要搞"一言堂"，不要唱"独角戏"，摒弃说教，蹲下身来与学生在平等尊重的前提下进行双向沟通。

# 一、千万别搞"一言堂"

古人云："以古为镜，可以知兴替，以人为镜，可以明得失。"谁能说学生不是教师的一面镜子呢？我们应该尊重学生个性，与学生平等沟通，用心倾听学生的心声。

在我国，人们过去无论是在理论上还是在实践上，对课堂交流的重要性都认识得很肤浅，重视不够。虽然现在新课程标准强调教学过程应是师生交流、积极互动、共同发展的过程，但还是有部分教师认为自己是真理的把握者，是课堂的主宰者。这些教师不相信学生有什么探究能力，上课依旧是采取"一言堂""满堂灌"的方式，包办代替。而教师过多的讲解、分析和说明，导致学生只能被动地接受知识，课堂参与程度很低。学生在课堂上体验到的只是沉闷无趣、身心疲惫。可以说，这种填鸭式的教学法极大地压制了学生的创新意识，对学生成才非常不利。

因此，在构建新型的师生关系的要求下，教师应转变陈旧的教育观念，抛弃旧教育模式下高高在上的权威，以平等的身份去和学生交流，营造一种民主和谐、平等互动的教学环境，充分发挥学生的主体作用，以激发学生的聪明才智和求异思维。

同样，课堂上教师不能只顾自己高高在上地讲解，也应该平等地对待学生的不同意见，允许学生随时质疑，尤其要重视那些有独到见解、思路新颖的答案。即使学生的回答有错误、荒谬之处，我们也要想方设法从其他方面给予他们一些肯定。总之，教师要在课堂教学中，鼓励学生发表不同的看法，大胆阐述自己的观点，使学生的个性得到最大限度地展现。

例如，有位历史教师在教学"鸦片战争的影响"一课后，曾反问：假如中国在鸦片战争中胜利了，又将产生怎样的影响呢？并鼓励学生大胆发表见解，学生讨论时畅所欲言，出现了很多奇思异想。这位教师对言之有理、独到创新的想法和观点给予充分肯定，使历史课堂充满生气，有效实现了师生双方的平等交流。

平等交流也意味着教师在把知识传递给学生的同时，也要考虑学生的反馈信息：喜不喜欢？能不能接受？理解不理解？这对提高课堂教学效果以及构建和谐师生关系都有很重要的作用。

课堂上师生平等地交流和沟通，容易让学生走近教师，了解教师的教学方法和思想，同时，教师也可以了解学生的想法和对知识点的认知程度，以及想要达到怎样的目标。这样师生双方就有了相互的理解，课堂效果自然就提高了。

平等有助于交流，交流以平等为前提。作为教师，我们无论是从职业道德的角度，还是从教学效果的角度来讲，都要与学生进行平等交流。

## （一）允许学生出现"另类"声音

杭州市著名教师俞晓梅在执教《做一个诚实的人》一课时，是这样与学生交流的：

俞老师先提了个问题："我们怎样才能做一个诚实的人？"

学生们马上进入思考、讨论状态。就在这时，忽然从教室的某处传来一位学生的自言自语："诚实是要吃亏的。"

说话声音虽然很轻，但足以说明对于"要诚实做人"这一提法，有的学生并不认可。因为现实生活中的确存在"诚实反而吃亏"的现象。

为了重视学生的观点以及实现师生间的平等交流，俞老师在片刻思考后是这样处理的：

她亲切地问这位学生："你为什么会这样想？告诉我们好吗？"

学生看着俞老师亲切的面容，犹豫了一下，鼓起勇气说："有一次，我考试考得很差，回家和父母实话实说后，就被爸爸狠狠地揍了一顿，妈妈还唠叨了好多天呢！"

这位学生话音刚落，另一位学生也鼓足勇气，站起来，讲述了自己的"遭遇"："是啊，我也觉得诚实要吃亏的。有一次，我在小区玩时，不小心把别人停在那儿的自行车撞坏了，后来我站着准备向车主道歉，可结果被车主大骂了一顿。"

这两位学生的发言引起一片哗然，学生们开始议论纷纷。

俞老师问道："你们的想法和他们一样吗？"

"一样。"

"我不同意。"

学生中发出不同的声音，有些学生甚至就这一问题开始了争辩。

"这样吧，不如我们来个辩论会，同意'诚实吃亏'观点的同学坐在教室右边为黄队，不同意这一观点的同学坐在教室左边为红队。如果在交流过程中，你发现自己有了新的想法，或者改变了主意，可以自由地换座位。"

俞老师的话音刚落，学生们马上分成了两队，结果同意"应该做诚实人"这一观点的仅有10人。

接下来，教室里热闹非凡。学生们进行着激烈的辩论，而在争辩中，学生们逐渐明白了诚实是做人的基本素质。只有诚实才能取得别人的信任；只有讲诚信，人与人之间才会和谐相处，生活才会美好幸福。

在教学过程中，师生互动、生生互动以及学生与文本的对话、所生成的信息是最难预料的，同时也是最真实的。所以，教师在课堂上一定要注意师生平等交流，而不能只是教师一个人在表演。

在上述案例中，那个"诚实要吃亏"的声音，似乎是一个与本节课内容极不和谐的音符，甚至与预设的目标"懂得诚实是做人的最基本的素质"背道而驰。

面对这一"另类"的声音，教师不能弃而不管，而要及时捕捉，恰当引导，让它成为教育教学的契机和资源。俞老师以一个参与者、合作者、促进者的身份与学生平等对话，倾听学生的心声，让学生在一种轻松、自由的心理状态下敞开心扉，从而达到师生间心灵的沟通。

## （二）让学生平等参与课堂交流

深圳市著名教师李平，在执教苏教版小学语文第五册《三袋麦子》一课时，是这样与学生进行平等交流的：

李老师在指导学生读课文时，让学生选择自己喜欢的一段对话，试着有感情地读一读。

她要求学生："你们不仅要读出感情，还要结合课文说一说为什么要这样读。"

学生们马上有感情地朗读起来。当学生们朗读完后，李老师指导学生朗读，例如，指导学生读有关小猪的一段话——小猪看着黄灿灿的麦子，开心地喊道："太棒了！我最爱吃白面馒头和烙饼了！"对于这段话，学生们的体会各不相同。

一位女学生根据自己的体会读了小猪的话，还讲了她为什么要这样读："我认为应该用很高兴的语气来读小猪说的话，因为小猪说'太棒了！'还要读出他迫不及待的心情，因为课文里说他是迫不及待地把麦子磨成了面粉，做成了食品，看得出他非常想吃。"

另一位女学生站起来说："我觉得她高兴的语气读得还不够，她没有把小猪高兴地喊的语气读出来，我不是很满意，我读一读。"接着她又根据自己的体会读了这段话。

一位男学生说："她读得过于平淡，我想，还应该读出馋的感觉，而且要把馋的感觉从心底流露出来。"说完，他活灵活现地读起来，惹得同学们大笑不止。

……

接下来，李老师问："那么，你们欣赏谁的做法呢？"

学生1回答："我欣赏小猴的做法，因为小猴非常能干，把一袋麦子变成了一囤麦子。"

学生2回答："我不同意他的观点，小猴把一袋麦子种下了地，自己一年都没有吃到。我欣赏小牛的做法，因为小牛吃了半袋麦子，剩下的半袋，他想怎么处理就怎么处理，给自己留有余地。"

学生3回答："我欣赏小猴，虽然小猴这一年没有吃，但他以后可以吃到更多更好的麦子。"

学生4急不可耐地喊道："不对，我认为你说得不对，如果你把麦子全种下了地，万一那一年是灾荒年怎么办？水灾、旱灾，使麦子颗粒无收怎么办？我欣赏小牛的做法，慢慢地吃——"

学生5反驳："我反对！"

李老师故意问："你反对谁呀？"

学生5一时反应不过来："我反对……"因为太着急，半天说不出话来，结果又引起一阵笑声。"我反对小牛，把新鲜的麦子放久了，就变成陈旧的了。"

学生6说："我欣赏小猪，因为他一口气把麦子吃光了，他会享受。"

学生7急着喊道："我抗议他的说法！小猪不想以后，把麦子全吃光了，没吃的了，以后挨饿怎么办？再说，小猪的缺点就是吃饱睡，睡了吃，怪不得一个六年级的同学说，他学习的压力太大了，真想当一头猪啊！"

学生8说："我不同意他这样说，小猪吃完这袋麦子，他可以想办法去吃别的。小猴收了麦子以后，那么多麦子，他只能吃麦子了。"

学生9说："我觉得小猪最好。小猴把麦子种了，万一被偷怎么办？小牛的半袋麦子被虫子吃了怎么办？小猪先把它吃掉了，什么都不用担心了。"

……

在案例中，我们可以看出，李老师在课堂上并没有扮演"权威者"的角色，而是让学生平等参与课堂交流。整堂课，都是李老师与学生的互动，在互动中形成了体验、探究的氛围。

李老师尊重学生的差异，在她的眼里，每个学生的体验都是独特的，都是值得珍视的。当看到学生们认真思考、争先恐后发言的情景后，李老师给每一位学生都提供了发言的机会，并让全班学生为有独特见解的学生鼓掌。

显而易见，这样的交流是最容易被学生接受的，而且这样的平等交流也锻炼了学生独立思考的能力，让学生对课文的体验在平等的交流中得到了升华。

## （三）与学生平等交流的具体方法

在课堂教学过程中，教师让学生参与到课堂教学当中，实现平等交流沟通的具体方法都有哪些呢？

1. 重视课堂提问语的运用

课堂提问是实现课堂交流的重要途径。在课堂上，教师可以通过提问来进行交流，从而引发学生的认知冲突，促进学生积极主动地提取头脑中的相关信息，在对各种信息和观念进行加工和转换的基础上，作出合理的整合与推理。这样的提问式交流可以使全体学生参与到具体的教学过程中，来分析和解决当前的问题，从而使学生的思维能力在解决问题的过程中得到不断发展。

2. 运用教学语言搭建平台，提供师生交流的机会

课堂不是教师一人的"独奏"或"单口相声"，而是师生互动交往的场所。在平等的师生关系中，在共识共享的基本形式下，教师要运用语言来搭建交流的平台，为学生提供畅所欲言的机会和空间。

3. 要注意讨论问题的多向性，并拓宽语言交流的广度

在教学"退位减法"时，著名教师葛利红出示了这样一道算式"24－6＝？"

葛老师问："大家先自己动脑筋算一算结果是多少。"

学生开始独立计算。

葛老师又说："现在大家把自己的想法说给组内的其他同学听，让其他同学帮你想想是否正确。"

学生在小组内互相交流。

过了一会儿，葛老师问："你愿意把你的算法和全班同学交流吗？"

学生1说："我认为：14－6＝8，所以24－6＝18。"

学生2说："我先用24减去4等于20，然后再用20减去2等于18。"

学生3说："我把24分成10和14，10减去6等于4，4加14等于18。"

……

听了学生们的发言，葛老师说："通过积极动脑，很多同学都得出了24－6的正确结果。那么，这些方法中哪些方法简便些呢？"

学生又开始个别交流……

讨论式交流不能流于形式，不能仅仅是几个人的合作，而应是绝大多数

人的共同参与、共同提高。在教学实践中，我们要注意运用多向交流，通过师生间、学生间的双向问答、讨论、汇报和描述，使所有的学生都能参与课堂讨论。

在教师、学生、书本的多向交流中，学生都得到了发展的机会，从而让自己的想法在交流中不断成熟、不断完善。这样的交流、碰撞，能够激活学生的思维，培养他们思维的开阔性和灵活性。

总之，教师在课堂上与学生交流最重要的前提是师生之间的平等。因为只有保证了最基本的平等性，师生之间的交流才能顺利地进行下去。因此，教师的课堂用语要时刻注意对学生个性的尊重，要时刻谨记只有在平等的交流中，才能换取平等的尊重和最佳的课堂效果。

# 二、沟通不是"独角戏"

　　课堂不只是教师表演的舞台，更是教师与学生之间交往、互动的场所。只有在积极有效的交往与互动中，学生获取的知识才是"内化"了的，增长的能力才是"真实"的，养成的情感才是"真切"的。也就是说，衡量一堂课的标准更多地在于师生交往、互动的方式、程度和效果。

　　教师的语言要从内部去激发学生的求知欲，由内而外地引导学生去认识周围的世界，让学生主动去探究，通过动手、动脑、动口去获取知识。在这一过程中，教师要充分发挥自己的智慧，把学生置于教学的出发点和核心位置，应学生而动，应情境而生，应教学需要而变，这样的课堂才能焕发出勃勃生机。

　　过去，一些教师总是抱持着"教材怎样编，我就怎样教"的错误观点。在这种依照教材的教学方式下，教师成了"照本宣科"的"教书机器"，而师生沟通则变成了教师"独角戏"，学生与教师的思想很难碰撞出火花，当然也就谈不上师生之间的有效互动了。

　　现在，随着课堂开放程度的不断提高，师生教学沟通的方式也发生着改变。作为一名教师，我们要切切实实地转变自己的观念，和学生进行双向交流，营造一种宽松自由的课堂气氛，让学生自由思考、畅所欲言，真正成为课堂的主人。

　　那么，什么是课堂教学中的师生双向互动交流呢？它是指在课堂教学这一时空内，发生于教师与学生间的相互交流、对话及与其相关的相互影响和相互作用的动态过程。它既指师生间交互作用和相互影响的方式和过程，也指师生间通过信息交换和行为交换所导致的相互间心理上、行为上的改变。

　　在科技高速发展的现代社会里，由于传媒技术的发展，学生在很多方面已经不是后知于教师，而是同知，甚至是先知于教师。因此，在课堂教学中，教师可以运用这一点来鼓励学生考教师，欢迎学生指出教师的错误和不足。此外，我们还要把自己看成协同学生探究知识的一员，与他们一起学习、探究。这样，才有可能创造出一种有利于师生双向互动的课堂气氛，从而摆脱教师唱"独角戏"的尴尬。

## （一）通过导读引发双向互动交流

著名特级教师支玉恒在教授《飞夺泸定桥》一课时，让一个学生读了一段课文。

学生朗诵："二连担任突击队，22位英雄拿着冲锋枪、短枪，背着马刀，带着手榴弹，冒着敌人密集的枪弹，攀着铁链，向对岸冲去。"

支老师点头说："嗯，不错。你们看这几个词用得多好。哪个都不能换，你们信不信？咱们试试。你看，把'拿着冲锋枪'换成'端着冲锋枪'，行不行？"

学生回答："不行。"

支老师问："冲锋枪能不能说端着？"

学生回答："能。"

支老师问："但是在这里能不能端？"

学生回答："不能。"

支老师问："为什么不能端？"

学生回答："端的话就会掉下去了。"

支老师说："要是两手端着冲锋枪，这脚底下在铁链上怎么走啊？"说着稍加演示。

学生大笑，说："不能走。"

支老师说："所以不合适，那么咱们干脆说：'挎着冲锋枪'，行不行？"

学生回答："不行。那还打不打了！"

支老师问："为什么不行？"

学生答："因为这时候敌人的机枪还在打，我们还得用冲锋枪还击呢。"

支老师说："咱们再看这个'背着马刀'，刚才说'拿'字很好，这里也用'拿'行吗？"

　　学生摇头："不行。"

　　支老师问："为什么?"

　　学生答："要是一手拿着冲锋枪,一手拿着马刀,也会掉下去的。"

　　支老师说："也是两手腾不开的。还有一个原因呢?"

　　学生答："冲锋枪可以还击,现在对面没有敌人,马刀用不上。"

　　支老师问："到什么时候才用那个马刀呢?"

　　学生答："冲到对岸。"

　　支老师点头："对,和敌人面对面的时候,枪不能打了,才拿'大刀向敌人的头上砍去!'所以现在只好背着,备用。再看下面,'带着手榴弹',要是说'握着',不行,'背着'不行,'拿着'?也不行。就得用'带',因为'带'比'背'方便,用的时候一抽就出来了。再看'冒着敌人密集的枪弹',能不能换?"

　　学生答："换成'顶'。"

　　支老师说："换成'顶'还凑合,也只能换这一个,别的也不能换。再看'攀着铁链',说成'扶着铁链'行不行?"

　　学生答："不行。"

　　支老师说："'攀'字表现了艰难。也许有时候脚底一蹬空,还要再拽上来,有这样的情况没有?"

　　学生答："有。"

　　支老师说："所以'攀'字也用得特别好。'向对岸冲去',这个'冲'表示什么意思?"

　　学生答："快。"

　　支老师说："有'快而且坚决不后退、一直往前冲'的意思。刚才有的同学说这儿不能用'冲';认为攀着铁链摇摇晃晃的,走不快怎么能冲呀?(朝提问学生)你现在怎么看?"

　　学生答："嗯,那个……它吧,虽然他是攀着铁链,可是他非常的……"

　　支老师说："这个'冲'在这儿是重点表现速度快,还是表现决心大?"

　　学生答："决心大。"

　　支老师说："对了。当然了,速度也是不慢的。虽然比不了走在平板桥上快,但是对于这种艰险的情况来说,这个速度已经怎么样?"

学生答："够快了。"

支老师说："对。所以说'冲'完全可以。你看这词用得好不好?"

接下来，支老师又引领学生对"拿""背""带""冒""攀""冲"等词进行训练。

案例中，支老师通过导读和学生进行双向沟通，引领学生研究"拿""背""带""冒""攀""冲"六个动词。这几个词准确、形象地表现了红军战士攻桥的思想和行动，表现了战斗的激烈和冲桥的困难与危险，让学生明白大多数词是唯一的选择，不能替代。

这种双向互动的交流沟通，增强了学生理解词语和语言沟通的能力，也促进了学生对课文思想感情的认识和体会。

## （二）聚焦某一问题，引发师生双向交流

在具体的课堂教学过程中，著名特级教师于永正经常巧妙运用某一个具体的问题，来引导学生参与双向交流。

于老师在教授《秋天的怀念》一课时，以课文中的一些字为聚焦点和学生进行双向交流。

聚焦一："躲"字

于老师问："'躲'字告诉了我们什么？母亲为什么不制止，反而要躲出去?"

学生答："母亲不制止，是为了让作者得到发泄。"

于老师夸奖："说得真好。'发泄'一词能不能改一改?"

学生答："宣泄。"

于老师问："母亲对儿子怎么样?"

学生答："母亲对儿子非常了解。"

于老师说："非常好，能不能换一个字?"

学生答："理解。"

于老师鼓掌："掌声，也把掌声送给他（前一个同学）。先有了解，才有理解。没有'你'的了解就没有'他'的理解。母爱就是理解。泰戈尔说

'理解是爱的别名'，没有理解就没有真正的爱。"

聚焦二："挡"字

"那天我又独自坐在屋里，看着窗外的树叶'刷刷啦啦'地飘落。母亲进来了，挡在窗前"，就这一段话，于老师问道："母亲为什么挡在窗前？"

学生答："因为一片片树叶落下，就意味着它的生命到了尽头。母亲不想让儿子伤感。"

于老师问："从'挡'字可以看出母爱是什么？"

学生答："母爱是让孩子看到希望。"

……

于老师小结道："母爱是让儿子看到希望，挡住绝望。母爱是呵护。把书捧起来，读一读！"

聚焦三："笑"字

于老师说："我们一起读一读。儿子对母亲态度好吗？"

学生答："不好。"

于老师说："但'母亲反而笑了'。母爱是什么？"

学生答："母爱是忍耐。"

于老师问："还有更好的说法吗？"

学生答："母爱是宽容。"

于老师说："掌声。只有母亲对子女才会这么宽容啊！再来读一读。"

于老师在课堂中灵活运用教学语言，只通过几个字就激发了学生的思维，和学生一起品味语言文字的魅力、体会课文中关键词句在表达情感方面的作用，从而活跃了课堂氛围，实现了师生双向互动交流。

课堂必须是师生双向互动交流的课堂，课堂教学成败的关键也在于此。双向互动的课堂不仅可以激发学生的学习兴趣，了解学生掌握知识的情况，还可以开启学生心灵、诱发学生思考、开发学生智能，促进师生间进行深入的情感交流。

1. 可以提高学生听课的注意力

如果只听到教师说话，没有学生的回应，这样的课堂就会死气沉沉，学生也无法将注意力集中 45 分钟。而教师一旦采取师生双向互动交流，就会让学生精神饱满地投入学习，而不显沉闷。

课堂上，如果教师紧紧围绕教学内容向学生提问，用一个个由浅入深、循序渐进的"问号"来吸引学生的注意力，就能把学生的注意力牢牢抓住。而在适当的时候，教师还要引导学生提出问题，让大家一起讨论，这样也能保证学生的注意力高度集中，从而收到良好的教学效果。

2. 从中发现问题，及时纠正

对于一些重要概念，一般水平的学生往往以为自己能复述就算学会了。其实不然，概念是反映现象和过程本质属性的思维形式。教师在课堂上还要针对概念提出一些题意明确的实际问题，引导学生深入思考。这样对于提高学生的学习效率、突破教学难点很有帮助。

教师可以多举实例，和学生进行双向交流，让学生在头脑里去除不正确的、似是而非的概念，这样才能真正让他们掌握知识。

3. 有利于学生和教师的共同成长

良好的师生双向互动，不仅有利于课堂教学效率的提高，更有利于学生身心健康的成长。教学中师生间和谐、友好的互动，是学生个性心理得以发展的重要背景和条件。在互动交流中，学生不仅受到了情感的熏陶，也学会了尊重自己、尊重他人。另外，对于教师来讲，教学的目的之一也是在互相学习中，不断扩展自己的认知空间，不断创造新的自我，提升自我发展的能力。

## （三）促进师生双向互动交流的具体方法

既然双向互动交流的课堂效果如此好，教师在课堂教学过程中就要经常引导学生参与这种交流。而这种引导主要还是要靠教师课堂语言运用的魅力来促成。下面我们就来说说运用教学语言促进师生双向互动交流的方法。

1. 加强教学语言的亲切感

教师与学生在课堂沟通中的语言以"亲切"为第一要求。教师的语言情真意切，学生才会有好感；学生有好感，学习效果才会好。学生的感觉好就会觉得："和这样的老师进行课堂交流没有压力，我们完全可以畅所欲言"！所以他们很愿意主动参与双向交流活动。

### 2. 加强提问语的修炼

在提问语设计时，我们要注意问题的开放性，防止出现设置题目条件偏多或不足，题目结论不唯一、不确定等问题。在这个过程中，教师要注意和学生进行双向交流，密切注意学生的思路走向，有效地掌握学生的认知情况。

在多样化的教学环境中，学生可交流的话题就会增多，情感体验就会丰富，彼此间容易相互影响，也容易相互沟通。在课堂上，教师对提问语的设计既要准备丰富的材料、设计丰富的情境，也要引导学生收集各种信息资料，并带到课堂上来。这样，课堂上的每个人都成为信息源，使学生在充满信息的环境中接受多方刺激，发生互动。

### 3. 语言要体现出对学生的尊重

教师在教学语言中要体现出对学生的尊重，要关注和理解学生不同的见解。这样，学生在课堂上才会乐意和我们进行互动交流。坚决不能冷冰冰地对他们的不同意见指手画脚、评头论足。

### 4. 应加强对口头语言的锻炼

第一，我们应充分把握口头语言互动的技巧，使自身的语言表达具有民主性、肯定性、发展性、引导性等，从而有效激发学生的学习兴趣，使学生在互动中获得知识。

第二，在师生课堂互动中，教师对各类学生都应从言语上积极肯定。这样可以鼓励学生个性发展，使所有学生都能从教师的话语中得到激励，从而积极参与交流。

第三，在师生课堂互动过程中，教师应尽可能地对所有学生一视同仁，切忌偏袒，从而避免学生之间的抵触和对立，使全体学生都能够积极参与。

第四，师生互动具有一种连锁关系，教师要充分考虑其即时效应，使学生从中得到启迪、激励和提高，以增强教学的效果。

沟通不是一个人就能完成的事情，它需要双方热烈而有效的交流。在与学生沟通时，我们确实要注意这些问题，让师生之间关系更加融洽、和谐。

# 三、摒弃说教，让交流更顺畅

苏霍姆林斯基说："要十分关切地对待青少年内在的精神世界，不可粗暴地把自己的意见强加给他们，要耐心听取他们的意见，要以平等待人的态度参与他们的讨论。"

这一论述说明了这样一个问题：教师要通过一定的方式使学生感受到平等，要给予学生自由发表自己意见和看法的机会，而不是教师独自对学生进行空洞的说教；在学生发表意见时，教师要尽可能创造一种轻松、自由的氛围，使学生能够畅所欲言；尽量不要在学生发表意见时将其打断，或强迫学生接受自己的观点或思想。否则，这种说教不但起不到教育作用，反而会影响师生关系。

良好的师生关系是教育成功的关键，这就需要教师与学生进行"心"与"心"的交流。只有采用了合情合理的沟通方式，教师才能取得学生的信任，才能打开他们的心灵之门，促进他们的健康发展。

## （一）摒弃说教，通过心灵沟通解决敏感问题

教师与学生在课堂上的沟通不能是教师一味地说教，而应该是师生之间用心去沟通、去理解、去尊重。著名教师高启山在处理学生问题时，就从不以说教的方式与学生沟通，而是采用平等的、"心交心"的方式。

高老师带的是高三年级的学生。这个年龄段的学生，随着生理的逐渐成熟，心理所面临的困惑和迷茫也越来越多。而作为教师，有责任和义务去引导他们度过这段青春期的岁月，避免其品尝苦果。

在高老师的班上就曾一度出现恋爱风。面对这一局面，高老师沉住气，没有横加批评，因为他知道校园恋爱就像弹簧，外力越是压得紧，它的反弹

就越强。这时他们需要的是疏导，而不是一味地说教。

经过慎重考虑，高老师决定召开主题班会。班会开始后，他先在黑板上写了"爱情美学"四个大字，学生们的眼睛睁得大大的，以为高老师要批评哪一个学生。

看着学生们惊奇的目光，高老师又写下了歌德的"哪个少男不钟情，哪个少女不怀春"这句话，以此告诉学生少男少女之间产生爱慕是正常的生理和心理现象。此时，高老师看到早恋的学生都松了口气。

高老师扫视一眼全班学生，然后轻松地说："刚才，我看到了一双双渴望爱情的眼睛。"

"哈哈……"台下顿时响起学生明了的笑声，这时课堂气氛变得活跃起来。

高老师抓住时机问："哪位同学能回答我，你为什么要谈恋爱？"

有个女学生说："因为他帅，还非常关心我。"

高老师又问："那你们在一起都谈些什么呢？"

这名女学生回答："谈哪些歌最好听，哪个影星最酷，哪里最好玩。"

高老师反问："那就一辈子吃喝玩乐，不用考虑学习、工作及其他事了吗？"

这名女学生一下子不知怎样回答好，高老师马上抓住时机指出："其实你们之间仅仅是好感，因为你们年龄小、阅历浅，接触面也少，所以误以为好感就是爱情。等你们将来走向社会，就会发现这种好感随时都会产生，而且会觉得自己当初太傻了。为了所谓的爱情，不管学业是否有成，不管是否符合社会伦理道德，更不在乎情感的天长地久，但求曾经拥有，其实这种想法很天真。"

最后，高老师奉劝学生们要把只献给一个人的爱珍藏起来，去接受60多位同学的友情，这样的生命才会更加有意义！一番话赢得了学生们的热烈掌声。

课后，学生们都跑上前对高老师说："一直以来，我们都不敢正面面对这方面的问题，家长更是禁止我们谈论这些，是您让我们明白了这方面的道理。您真是我们的知心好老师。"

针对学生早恋这一敏感问题，高老师与学生的沟通不是一味说教，而是正面去与学生谈论感情的问题，让学生在自由沟通中学会判断是非。

　　可以看出，这样的沟通深受学生的欢迎。它让学生感觉到教师不再是高高在上的。没有枯燥地进行说教，而是和学生一起探讨，这种方法取得了很好的教育效果。

## （二）以浅显易懂的语言代替说教

　　初一学生学完"奴隶社会的历史"后，多数都对"历史是不断向前发展的"这一观点产生疑问，理由是：原始社会人人平等，财产平均分配，而奴隶社会出现了不平等和剥削压迫的现象，怎么能说是进步了呢？

　　对于这一问题，著名教师胡立周是这样进行课堂教学的：

　　胡老师问："原始社会时，由于生产工具落后、简陋，生产力水平低下，每天只能获取2条鱼，刚好满足他们的生活需要。过了很长时间，他们学会了织网，发现这样捕鱼快而且容易，就学会了捕鱼，每天可捕10条，除了每天吃的2条外，余下的8条就成了剩余财产。为了占有剩余财产，部落内部开始互相争夺。你们想想看，会出现怎样的情况呢？"

　　学生1回答："力量强大的人能抢到更多的财产。"

　　学生2回答："出现了财产分配不均，人剥削人的现象。"

　　胡老师又问："那么，对于原始社会、奴隶社会，你们怎么评价呢？"

　　学生3回答："奴隶社会更进步，因为捕鱼的数量增加了。"

　　学生4回答："出现了剥削和不平等。"

　　学生5回答："部落领袖占有一部分后，剩下的分到每个人头上，可能也比以前多了。"

　　胡老师趁机问："以前有没有这种可能？"

　　学生齐答："没有。到奴隶社会才出现了这种可能。"

　　胡老师问："大家想一想，这是由什么决定的呢？"

　　学生答："产品数量。"

　　胡老师总结道："进一步说就是生产力。一个社会进步与否的标准是看生产力水平的高低。那么，哪个社会更进步就不用我说了吧！"

胡老师在课堂上与学生的沟通不是一味地去说教，而是以浅显易懂的捕鱼为例，将艰深的历史概念、历史规律融入学生熟悉的生活经验中，将马克思主义关于社会发展的理论融入教学中，从而抓住学生形成正确认识的契机，化难为易、深入浅出，使教学内容自然而然地被学生接受。

诚然，概念的掌握并不是一次就能完成的，它是随着学生知识经验的发展不断得以充实改造、逐步深化的。理解，说教式的语言显然是达不到这种效果的。所以，较好的课堂沟通语言可以让学生在其所能理解的程度上初步理解、掌握概念，更重要的是会为日后的深入理解打下良好的基础。

## （三）非说教式沟通能够启发学生的思维

著名教师钱君端在教学时很注意和学生的沟通，常常与学生共同探讨。

以"东汉的统治"一课为例，为使学生掌握黄巾起义的几个特点，钱老师问："我们已学过几次较大规模的农民起义，陈胜、吴广在大泽乡振臂一呼，揭竿而起；绿林赤眉饥民暴动，仓促起义。黄巾起义与这两次有什么不同呢？"

学生1回答："这次起义反对的是外戚、宦官的统治，和以前两次不一样。"

学生2回答："外戚、宦官也是欺压百姓的，代表的也是封建统治阶级。"

钱老师又问："外戚和宦官专权是封建统治阶级内部斗争，那么这是相同还是不同的呢？"

学生3回答："是相同的。我觉得这次起义人数多达几十万，而且遍及全国，影响很大，是不同之处。"

钱老师再问："为什么会有这么多人参加起义呢？"

学生4回答："准备充分。"

钱老师追问："你的根据是什么？"

学生4再答："他们利用了'苍天已死，黄天当立，岁在甲子，天下大吉'的传言。"

钱老师赞赏地点了点头，又问："除此之外还有没有不同的?"

学生 5 回答："他们准备起义的方式与众不同。"

钱老师问："有什么不同?"

学生 6 回答："通过治病来传教。"

学生 7 答："用太平道。"

钱老师提示："实际上太平道是——"

学生 8 顿悟："我想出来了，起义是利用宗教形式为掩护进行准备工作的。"

钱老师点头："很好。"然后钱老师简要地归纳了一下这次起义的特点。

教师在课堂教学中要时刻注意发展学生的思维能力，不要对学生进行说教式教学，而是和学生一起去探究、分析。

对于初一学生来说，他们已具备一定的观察能力和归纳推理能力，但对具体问题的比较分析还往往停留在表层。教师要随时将学生回答中的精华提取出来，沿着既定层次深入引导。这样，通过师生互动合作，推动学生的比较分析能力向高水平发展。

在这个案例中，第一个学生匆忙回答，只看到表象的不同；第二个学生思考较为细致。钱老师进一步提问，帮助学生澄清认识，得出这几次起义貌异而质同的结论，然后再启发学生寻找不同之处：

①发现原因，找到特点。

②指明根据，让学生再加强记忆和理解。

③教师再发问，发现第三个特点，至此达到教学目的。

在这个过程中，通过教师引导、师生问答，使学生积极思考，逐一地整理、归纳，使知识条理更加清晰。学生理解透彻，记忆深刻，综合能力也得到了训练，同时也学会了一些归纳方法。

诸如此类的事例还有很多，教师要多加留意。经过多次类似反复的训练，就可以在沟通中逐步培养和提高学生的综合能力。

## （四）提升非说教式课堂语言的具体方法

我们常常可以看到这样的现象：教师在向学生热情地传递知识、价值观和各种行为要求时，学生却毫无兴趣。这种现象表明，在师生沟通和交流过程中，如果教师不注意方法，一味地说教，会在有意无意中伤害学生的自尊和感情，使他们产生逆反心理。因此，要想与学生很好地沟通，教师要有意识地改变一些不恰当的沟通方式。

### 1. 注重语言的表达技巧

师生沟通的艺术实际上就是师生间的语言交流艺术。为了不让说教式的语言充斥课堂，教师应当把握沟通中的不同情境和学生的各种差异，除了要重视语言的表达内容外，还要重视语言表达的技巧。

#### （1）语言要有幽默感

幽默是人际关系中必不可少的"润滑剂"。人们都喜欢幽默的话语。具有幽默感的教师一走到学生中间，学生就会感到快乐，沟通自然就通畅了。

#### （2）语言要注意委婉

在师生的沟通中，有时教师的话虽然完全正确，但学生却因为教师表达得生硬而感到难以接受。如果把话语磨去一些"棱角"，让学生在接收信息时感到自己不是在接受枯燥的说教。这样他们就能既从理智上，又在情感上接受教师的意见了。

### 2. 要对学生的问题有效回应

在学生有问题时，多数教师都能感觉出来。但是，对教师而言，仅仅看出问题是什么时候发生的还不够，需要进一步帮助学生解决问题。

一些教师之所以在解决问题时失败，往往是因为他们不知道如何作出有效回应。而这些教师之所以不知道如何对学生作出有效回应，主要是由不恰当的语言和错误的沟通立场所造成的。这些不恰当的语言和沟通立场经常导致冲突和误会。

在师生的沟通中，如果教师能够深入了解学生的内心并接纳学生的优点和缺点，那么学生也会很容易接纳教师。这时就能更好地解决学生的问题了。

### 3. 要注意倾听学生的心声

听学生讲话时心不在焉、三心二意，往往是师生沟通失败的重要原因。良好的沟通，需要教师耐心地倾听学生讲话，了解他们心中的感受。

教师积极倾听的态度，可以让学生感受到自己被肯定，自己的价值被重视。因此，教师应避免注意力没有集中在学生的讲话上，或打断学生的讲话等现象的发生。

学生说："数学对我而言太难了……"

教师说："数学并不难学，你的问题是，第一次遇到困难你就放弃努力了，现在再试试看。"

这是教师在与学生沟通时采用的说教式的话语。这样的教师不愿意把学生的话听完，急于将学生本来需要自己解决的问题转化为自己马上要给学生提供解决问题的答案，从而导致师生沟通的失败。

教师都应该清醒地意识到，在与学生沟通的过程中，说教式的语言最难被接受。用"说教"去和学生沟通，即便不碰一鼻子灰，也不会取得预期的效果。教师和学生沟通的有效方式有很多种，只要教师细心揣摩，认真学习，就能够找到既有效果，又受学生欢迎的方式。

# 四、先用耳朵后开口

古希腊先哲苏格拉底说："上天赐人以两耳两目，但只有一口，欲使其多闻多见而少言。"苏氏的寥寥数语，形象而深刻地说明了倾听的重要性。叶澜教授也指出："（教师）要学会倾听孩子们的每一个问题，每一句话语，善于捕捉每一个孩子身上的思维火花。"

课堂上，学生是真正的主人，学习的主体，教师只是学习活动中的组织者、引导者。在学生有疑问，需要帮助时，教师才伸出援助之手，稍作点拨，绝不能越俎代庖，剥夺学生畅所欲言的权利。

这就意味着，在教学中，教师必须要学会倾听，让学生尽可能地畅所欲言，把心里所思所想和所疑惑的问题都说出来。只有这样，学生的创造性才能真正释放，学生的疑惑才有可能彻底消除，教师才能根据学生的情况因材施教。

教师在教学中要服务学生，首先要让自己的耳朵为学生竖起，心平气和地倾听他们的心声。这样才能使教学成为学生、教师、文本之间的对话过程；才能与学生一起把课堂构建成一个美好的精神家园。

这种基于耐心倾听的沟通，不仅是唤起学生积极地投入学习的重要条件，也是课堂教学赖以顺利推进的动力，更是心灵与心灵的呼应和交融。

在课堂上，教师要想平等地、自由地与学生沟通，就要尽可能地把心敞开，耐心倾听，体会学生的独特感受、体验和生存状态。

在课堂上，教师不妨经常对学生说"没关系，请继续说""接着往下说，老师不作评价""你还有话要说吗""大家都在听呢，接着说吧"之类的话。

如果教师每一次都努力倾听学生的发言，让他们把话说完，那么在一次次的耐心等待之后，我们会发现：我们和学生走得越来越近了，收获的惊喜也越来越多。

我们只有善于倾听学生的发言，适时调整自己的教学思路，才能扮好教师的角色；才能正确判断学生在想什么，为什么会这么想；才能正确把握学生对知识的掌握程度，进而对症下药，扬长避短；才能在学生回答不正确、语言表达不清楚时及时指出，正确分析和引导。

真正的教育是从心与心的对话开始的，而心与心的对话又是从真诚的倾听开始的。就像一位教育家所说的："这个世界不是缺少色彩，而是缺少任其涂鸦的画板；这个世界不是缺少交流，而是缺少耐心包容的倾听。"

作为教师，我们要时刻谨记倾听的重要性；作为教师，我们应该学会走进学生的内心世界，认真倾听学生的心声。

## （一）收获总在倾听后

江苏省张家港市青龙小学教师肖雪英在课堂教学中，就十分注重倾听学生的心声。

在教授《别饿坏了那匹马》一课时，为了激发学生的阅读兴趣，肖老师提出三个要求：一要有一定的速度；二要弄清这篇课文写了几个人，主要写谁的什么事；三要在自己认为最感人的句子下面做上记号。

这样，肖老师让学生带着问题，边读边从课文中找答案。

前面几个问题，学生们解决得都很顺利，可是在讨论"课文主要写了谁"这个问题时，出现了分歧：有的学生认为是写那匹马，有的学生认为写的不是那匹马。

肖老师说："是不是马，你们要找出理由来。"

一个学生站起来说："老师，我觉得课文中残疾青年口中的那匹马是不存在的。我们可以从'茫然'这个词看出，姑娘根本不明白哥哥说的马在哪儿。这说明他家中根本没有马。"

另一个学生说："我看出来了，因为他怕'我'发现他家中没有马，非常着急。'"

还有学生说："'可是迟了！我已经走进了他家后院，看见了一堆枯蔫的马草——前些日子我卖给他的所有马草！那匹马呢？香甜甜地吃着我拔的马草的那匹马呢？'我明白了，那马根本不存在。"

这一次，肖老师露出了满意的笑容。学生并不是理解能力差，而是因为没有充分地阅读课文。她高兴地说："同学们，那残疾青年口中的那匹马是不存在的。这匹马，实际上是残疾青年为了成全'我'看书而虚构的一个谎言。"

还没容她说完，一位女学生就站起来说："老师，我还是认为残疾人心中是有这匹马的。"

一听这话，肖老师没有打断她，而是耐心地听她说。

她说："老师，我认为残疾青年心中是有那匹马的。不过，这匹马不是指真正的马。在那个残疾青年的心中，小作者就像一匹饥饿的马一样，需要自己用知识去喂养。"

肖老师由衷地说："很好。你的理解充满了智慧，真精彩！"

顿时，教室里传出了热烈的掌声。

肖老师耐心地倾听学生自由阐明自己的观点是尊重学生的表现。我们试想一下，如果肖老师当时没有去倾听那位女学生的述说，而是强行打断她的话，就会禁锢了她的思想，压抑了这位学生探究问题的积极性。

作为教师，尊重学生的重要表现之一，就是不要随意打断学生的回答或者辩解。但是，教师尊重学生，耐心倾听，并不是说学生说什么，教师都要认为是对的。倾听只是一种教师对学生关怀、接纳、尊重的形式，对他们错误的认识或观点，教师也要给予纠正。

在倾听的过程中，如果学生的想法存在错误或荒谬，教师还可以从中找到突破口，以询问、征求意见的口气，引导他们说出正确的观点。这种倾听式的引导，不一定要让学生当面认错，但可以让他们反思自己的言行，自己意识到错误而不是直接告诉他们。

## （二）摒弃主观臆断，倾听后再下结论

下午第一节课，小 A 迟到了。

老师问他做什么去了。

小 A 说没做什么。

这时，有个学生报告道："小Ａ去网吧上网了。"

因为小Ａ是个很调皮的学生，再加之此前不久，老师才下达的死命令：不准上网吧！现在他居然还敢"顶风作案"。该老师非常生气，对小Ａ进行了严厉的批评。

在老师的训斥声中，小Ａ什么都没说，只是低着头流泪。

平时，老师教训得再狠，他都不会哭的，怎么今天刚说了几句，就哭成这样了呢？

看到小Ａ这个样子，老师的气渐渐地消了一半。不过再仔细想想，自己给他机会解释了吗？是不是冤枉了他呀？

想到这儿，这位老师控制了一下自己的情绪，平静地说："那你说说当时的情况吧！"

于是，他给老师讲了当时的情况。原来当时他是有心进去的，但是一想到老师下的命令，想到老师这样做，是不想让自己的成绩再跌回去，所以就在门口徘徊了一阵。

而这恰好被路过的同学看到了，误以为他是刚走出来的。

原来这是一位"金不换"的浪子啊！听完小Ａ的话，这位老师不由得想到。于是，他赶紧向他道歉。

小Ａ则不好意思地表示："是我自己有前科嘛！以后我再也不会去网吧附近转悠了！"


在教育实践中，教师不仅仅是引导者，还有可能会担当公正、公平的法官角色，需要去判断学生在学习、做人上的正误、是非。此时，教师必须像法官一样，不能仅以"法律为准绳"，还应该"以事实为依据"，没有调查就不能妄下断语。我们要想对学生作出公平、公正的判断，就要耐心倾听各方面的意见，让自己"兼听则明"。

在批评学生之前，教师一定要弄清楚学生到底错了没有，错在哪里，有多严重。然后再有理有据地进行批评，避免出现冤枉学生的尴尬局面，这样学生才会真心接受我们的批评。相反，如果教师不问青红皂白就批评学生，即便学生表面上不敢反抗，但他们在内心也会产生逆反心理，时间一长可能就会影响他们的心理健康，也会影响教师的形象，还可能破坏师生关系。

作为教师，我们做任何一件事情都要弄清缘由，三思而后行，不能草率地对学生的行为作出评价。就像案例中的教师一样，开始时没搞清问题就劈头盖脸地对疑似犯错的学生一顿训斥，不但让学生产生委屈之感，也损害了教师公正、公平的形象。后来这位教师冷静下来后，耐心倾听学生的解释，才发现自己冤枉了他。

## （三）多倾听的具体方法

在课堂教学的互动交流中，不仅需要学生认真听教师讲课，还需要教师经常倾听学生的诉说。教师能否有效倾听，对学生潜能的开发、师生关系的和谐、良好课堂气氛的营造都有着重要意义。那么，教师应当怎么去倾听呢？

### 1. 在沟通中时刻保持倾听状态

要想耐心倾听学生的话语，就需要教师对学生提出的关于情感、疾病、思想、困惑等方面的问题给予足够的关注。教师在倾听的过程中，眼睛要注视学生，不能左顾右盼，心不在焉，也不要随便打断学生的述说。

为此，在学生述说的过程中，教师就需要作出如下反应：对于比较认可的事情或意见，可以用点头或者"对的"之类的言语来回应；对于一些不同意的观点，可以暂时把自己的观点隐藏起来，代之以"是吗""我明白了""原来这样"的应答声；对于有些学生不能很好地表述的问题，可以适当地提一些问题引导学生，促使双向互动交流更顺利地开展下去。

### 2. 要洗耳恭听

随着课堂上对学生主体性、自主性的强调，学生质疑、反驳、争论的机会也大大增多，这一切都需要教师学会倾听，成为学生忠实的"听众"。

因此，在课堂上不管是成绩好的学生还是成绩差的学生，无论是学生说对了还是说错了，无论是学生说得清楚明白还是语无伦次，教师都要专注地倾听，不能有半点不耐烦，更不能粗鲁地打断他们的发言。在倾听过程中，教师还要注意发现学生困惑的焦点、理解力的偏差处、观点的创新处。

与此同时，教师还应该通过自己的体态语言，诸如丰富的表情动作，来表现对讲话学生及其所讲内容的浓厚兴趣。

心理学研究表明，喜欢别人听自己讲话是人类的一种基本需要。作为教师，我们更应该以浓厚的兴趣面对讲话的学生，及时捕捉学生言谈中透露的各种信息，让学生意识到我们对他们的尊重，从而使他们肯定自身的价值。

3. 在倾听的过程中要流露真情，以求达成共识

在倾听学生讲话时，教师可以用面部表情，或者手势来表现感情、态度。比如，给学生一个真诚的微笑，就如同说"我很支持你的观点"。再如，竖起大拇指，做出 OK 的手势或简单的招手等，都可以把承认、接纳和关心的信息传达给学生。

4. 在倾听的过程中要善于识情知性

一位有倾听意识和习惯的教师不会仅仅满足于捕捉学生的话语，他还善于揣摩话语背后的思绪和性情、欲望和需求，并热情地支持、帮助和引导。

当学生发现自己那些隐藏不露的性情被教师认可和爱护时，就会与教师建立起更深一层的信赖关系，同时也会更加自信，并且可以真正感受到作为一个独立生命而受人尊重、爱护的喜悦之情。

一位具有倾听意识和习惯的教师，是可以发现谬误中蕴涵的新奇，荒诞中隐藏的合理性的；一位具有倾听意识和习惯的教师，是可以像李镇西老师那样，听到"花开的声音"的。

在教学中，我们每一位教师都应该做一个优秀的倾听者，并在倾听中去发现学生智慧的火花。

# 五、说，也要察言观色

授课，对于一位成熟的教师来说，不仅仅是备课内容的简单"再现"，也应该是作为教师的综合素质的"体现"。

课堂上教师面对的是个性认知水平、兴趣各异的学生，也就意味着教师要面对各种各样随时会出现的问题，而教师备课中的一切安排设计毕竟带着主观色彩，难以应对授课中的突发事件。所以课堂上教师要学会"随机应变"，要懂得适时调整难度和节奏，调节课堂的气氛和讲课进度。

要想"随机应变"，就必须懂得察言观色。这样才能捕捉到教学过程中学生稍纵即逝的、极有开发价值和利用价值的动态生成资源。

在学生困惑、烦躁、欲言又止时，教师要及时巧妙地运用教学语言加以引导和帮助。在倾听的过程中，也要学会"察言观色"，准确判断出富有意义的信息，捕捉学生回答中富有价值的内容。

"在教学中教师要关注每个学生"，这句话人人都会说。但落实到课堂上的时候，有些教师，特别是缺乏教学经验的新教师往往就会忽略这个问题。在课堂教学中，学生究竟掌握了没有或者掌握到了什么程度，他们心里是没底的，而且那整体的回应声往往给他们这样一种错觉："不错，看来学生都掌握了。"

其实，如果细心观察，我们就会发现：这其中有的学生是滥竽充数，有的学生则心猿意马。如果找单个学生解答，往往有学生答不上来。这就要求教师在课堂上要善于观察，心里要时刻把握两条线索：一条就是课堂教学设计（教学过程），另一条就是学生在课堂上的表现（学生学的情况）。教师不要只顾自己讲，而忽略学生接受的情况。

换句话说，一位有经验的教师，会随时把目光放在全班学生身上，随时调控学生的注意力，并随时通过提问等方式来获得学生对知识的反馈，并据此适时地调整教学策略，或改变教学方式等。

教师关注每个学生，还能让学生的注意力长期集中在学习上，积极主动地学习。如果教师长期忽视学生的反应，他们学习的兴趣就会降低，学习动力也会逐渐丧失。

教师教学就是与学生交流、互动的过程，而这一过程中最重要的环节就是，教师必须了解每一个学生的个性。这就要求教师要善于察言观色，从而对症下药，让不同类型的学生都学有所成。

对于课堂上那些内向，不愿意参与课堂活动的学生，教师要帮助他们树立信心；对于那些任何活动都表现出极大热情，但一不留神就会制造课堂"爆炸"事件的学生，教师要帮助他们端正学习态度，克服不良的学习习惯；对于那些成绩优秀，但是爱出风头、缺乏合作精神的学生，教师要培养他们团结互助合作的精神，激励他们帮助后进生，共同进步。

总之，对于课堂上的学生，教师要懂得察言观色，通过对学生不同反应的透视，分析学生不同的学习风格，让自己洞悉学生的真实世界，走进学生的心灵。这样，不但能把学生拉到健康发展的轨道上来，提高教学效率，还能让教育散发出无穷的"亲和力"。

## （一）及时察言观色，适时调整应对策略

江苏省苏州工业园区第五中学知名教师葛美珍在讲解 look for 和 find，listen to 和 hear 两组词的区别时，正巧发现有一学生因丢了自行车而上课注意力不集中，于是马上把事先准备好的有关资料作了临时调整，并对学生们说了这样几句话：I'm sorry to hear a piece of bad news. Linlin lost his bike yesterday. He had looked for it everywhere, but he couldn't find it. And now he is listening to me, But he may not hear me clearly because he is very upset.

就这样，在真实的情境中，学生们很快便掌握了这两组词的区别，而那位注意力不集中的学生也迅速把思维拉回课堂了。

在教"so…that"句型时，葛老师先出示了两个简单句："I am very tired…""I can't go on walking."然后提出这样一个问题："What's the

Chinese meaning of the two sentences?"

提出这个问题后，葛老师发现班级中成绩差的学生都举起了手，这说明他们有回答问题的愿望。于是就让他们当中的一个回答，并表扬了他。

接着葛老师告诉学生这两个句子可以用"so…that"句型连接起来。在解释完"so…that"表示"如此……以至于"后，葛老师提出第二个问题"How to change the two sentences into one sentence by using 'so…that'?"

这个问题有一定的难度，但还是有成绩较好的学生举起了手，并正确地回答了问题。

课堂信息反馈是教学信息反馈中的重要一环。教师对课堂信息反馈的敏锐度是影响课堂教学效果的关键。这里所说的敏锐度也就是教师"察言观色"的本领。

课堂上有许多不确定因素，这些都要求教师要随时"察言观色"，及时捕捉学生的反应。而葛美珍老师就是及时捕捉到了学生的情绪变化，并适时调整了自己的教学计划，把走神的学生的注意力拉回课堂。

看到成绩差的学生也想回答问题，她就把机会给他们；看到问题有难度，她就把机会抛给成绩好的学生。像葛老师这样通过察言观色，充分调动全体学生的积极性的做法，使每个学生都体会到成功的喜悦，也使课堂的效率得到提高。

## （二）把学生的疑惑生成宝贵的教学资源

四川省成都市双流县彭镇中学知名教师金引春在教学过程中，就经常通过察言观色一步步地引导学生去理解文章内容。

讲《真正的愤怒》一课时，金老师在讲到"那贵如珍宝的水"时，发现有部分学生露出迷惑的神情，似乎不明白为什么说水贵如珍宝。

为此，金老师就开始引导学生去思考这一问题："这贵如珍宝的水可能来自哪里？"

这一个问题就及时地打开了学生的思路，让许多学生都有了想法。

学生1回答："从遥远的地方挑来的。"

学生2回答："从很深很深的井里挖出来的。"

学生3回答："天上下的雨水。"

学生4回答："可能用生命换来的。"

教师在课堂教学当中，要注意察言观色，根据学生的不同特点，运用不同的教学语言。这也可以同时体现在提问语上。

教师在察言观色中要能敏锐地抓住课堂教学中的那些有价值的生成，并将其进一步"放大"，通过巧妙的点拨、引导，将其转变为有效的教学资源，为己所用。

在日常生活中，水是那么平凡不起眼，但经过金老师的巧点善拨，学生的思维得到了有效开发，对水有了更深层的认识。一句看似轻描淡写的"用生命换来的"，却使学生的思维得到开发、认识得到提高、情感得到升华后的结果。"贵如生命的水"，让学生真正体会到了这一份"真正的愤怒"后的感慨！

"没有预料不到的成果，教学也就不成为一种艺术了。"新课程理念下的课堂，将会出现更多不确定的生成因素。要使教学成为一种艺术，教师只有在备课时充分地预设，并在教学实践中不断锤炼自己，同时还要善于察言观色，把不确定因素转变为宝贵的教学资源。这样，教师才能从容面对各种突发事件，机智果断地采取有效措施，使生成与预设相辅相成、相得益彰。

## （三）察言观色的具体方法

学生在课堂上的表情，能比较准确地反映出教师课堂教学的效果，也能反映出他们掌握知识的程度。这就要求教师要时刻注意观察学生的表情，体会不同表情所传达的信息，然后适时调整自己的教学进度与方法，更好地提升教学效果。

1. 读懂学生的表情

学生不同的表情与动作，体现了他们不同的听课状态。

全班学生的眼睛都定在教师身上，聚精会神地听讲，说明教师的语言极富吸引力，能牢牢地抓住学生的兴趣。

举手积极，发言踊跃，说明教师充分调动了学生听课的积极性，学生在积极思维；或者教师提出的问题适合学生的思考实际，师生互动频繁。

微笑，说明教师理论联系实际时选取的事例生动，话说到了学生的心坎上；或者教师的问题激发了学生的好奇心。

沉思，说明学生在反馈已学过的概念、原理；或把书本上的知识联系到现实生活中，碰到了不解或值得认真探究的问题。

无精打采、东张西望、动手动脚、思想开小差，说明教师的讲课脱离了实际，成为干巴巴的说教；或教师语言平铺直叙，没有感染力。

小声议论，说明教师讲得不准确，学生有所发觉；或者这是教学的难点，学生没有听懂，在相互质疑。

2. 对不同层次的学生，要给予不同的情感关注

由于各方面的原因，学生在学习的过程中会有不同的表现，表现的最终结果就是班级里出现了所谓的优秀生和后进生。

后进生在课堂学习时的情感态度可能是"没有自信的、压抑的、恐惧的"，其外在行为是"心不在焉的、躲避的、依附的、沉默（或者破坏）的"；而"优秀生"，除了积极进取的情感表现外，也有可能是"浮躁的、自我炫耀的或者是心不在焉的"。这些不同的情绪表现，需要教师在课堂教学中及时察觉并给予合适的回应。

对于后进生，教师要在认知或提问上给予"低坡度"，在情感上要给予"多激励"。在实际教学过程中，有的教师在教学中往往只关注少数尖子生，提问找优生，谈心找优生。相反的，对"后进生"的态度就较为冷淡，关心帮助不够，致使后进生人数不断扩大，造成严重的两极分化。

教师应该改变对后进生的态度，增加对后进生的情感投入，随时对他们进行"察言观色"，使他们感受到教师的爱心、耐心和诚心。心灵的沟通会使学生对课堂学习产生浓厚的兴趣，由厌学转变为愿学、爱学、乐学，从而一改课堂的沉闷气氛。

对于优秀生，察言观色后教师要在认知上给予其更高的挑战，在情感上给予其更严的要求。在课堂教学过程中，教师给学生设计的题目要有坡度。

对知识中蕴涵的难点，要留给尖子生，让他们去应对挑战。

　　教师在课堂教学过程中，要想在教学语言方面有的放矢，因材施教，就应该学会在课堂上察言观色，并通过学生的不同表现，仔细分析他们的所思所想，从而使我们的语言更有针对性、导向性、启发性，说到点子上，说到学生心坎上。

# 六、找好切入点

从某种意义上说，教师与学生之间的沟通就是心灵的交流，情感的沟通。在这交流和沟通过程中，如何正确引导学生，才能既让学生敢于说出自己的心里话，又能促使学生产生愿意接受教育的心理状态，就需要教师掌握娴熟的沟通技巧了。而找好沟通的切入点才是促成沟通成功的重要前提。

教师要把握好沟通的切入点，就要善于抓住学生对问题的关注点。

有的小学教师通过创设生动有趣的情境来开展教学，从最简单的数字1、2、3入手，创设一种纯数学情境，并且抓住学生的思维关键点，与学生进行沟通。这样就使学生在教学交流中吸收知识，并且使认识渐趋完善、深化。在此过程中学生都在积极地进行思考，且学生的注意力没有丝毫的懈怠。

只要教师能抓住学生的思维关键点，把握好与学生沟通的切入点，就会使课堂更精彩。

## （一）把握好切入点，锻炼学生的思维能力

北京市知名教师谢安娘在教授"汉武帝大一统"一课时，针对学生比较容易理解的"推恩令""统一铸钱""罢黜百家，独尊儒术"等知识点，而对"盐、铁官营"体会不深的具体情况，就把盐、铁在古代的重要性作为与学生交流的开始，启发学生思考："为什么政府要把这两项权力收归中央？"

学生1回答："汉代生产越来越多采用铁制工具，而且人不吃盐不行，盐、铁都是生活必需品，需求量很大，获利多。"

学生2回答："商人掌握很多盐、铁却不卖，导致价高，使得国家收入少。"

学生3回答："专门经营盐、铁的商人经济力量雄厚，可以买土地田宅，

组织军队，像一个小诸侯国，长久下去，会威胁国家安全。"

学生4回答："价钱太贵，老百姓吃不起盐，买不起铁制工具，不满情绪增长，引起暴动，影响政府统治。"

学生5回答："实行盐垄断，对军队的士兵影响最大，吃不到盐，没力气，身体素质差，战斗力下降。"

学生6回答："冶铁集中到商人手中，兵器和生产工具都少，对作战和农业生产不利。"

学生7回答："经营盐、铁需要很多人，聚集在一处，又拥有经济、军事实力，有可能发展为豪强势力，与中央政府对峙。"

谢老师总结道："大家说得很好。盐、铁私营对政府有这么多不利影响，所以要收归中央。那么'盐、铁官营'有什么作用呢？"

学生回答："不仅经济上可以增加政府收入，更重要的是能抑制商人势力，削弱豪强力量，稳定汉朝的统治。"

相对来说，初一学生的概括能力还比较差，他们在阅读时往往只能抓一点或几点，从某一个或者几个方面来评论。换句话说，对课堂上教师提出的问题，他们的反应是五花八门的，但却不能从整体来思考。学生多半只能抓住个别枝节发表感想，而对较抽象或较复杂的材料，就常常有瞎猜乱碰的情况。

那么在教学中，教师就需要把握好与学生沟通的切入点，注意为学生创造机会进行这方面的训练，促进学生思考能力的提高。

谢老师清楚地了解盐、铁在古代社会的重要作用，并以此为切入点，引导学生回答，达到认识"盐、铁官营"必要性的目的。学生通过这样的整体思考，就会跳出教材，从多种角度对材料内容加工，以他们已有的知识为依托，合理地进行推断、分析，最后得出结论。

寻找恰当的沟通切入点进行教学，比教师直接讲给学生，让学生单纯记忆结论的教学效果要好得多。因为这是由学生共同讨论完成的，会给他们留下深刻印象，甚至会产生终生难忘的印记。同时，学生的抽象概括能力得到了训练，创造性思维能力也得到了发展，可谓一举多得。

### （二）把握好切入点，促成教学"双赢"

海南农垦通什师范（中学）教师周芳勇，在与学生的沟通中十分注意把握好切入点。

小K是个自尊心极强的男孩，在这段时间里，周老师总是觉得他在漠视自己，挑衅自己。小K最近经常不带书，不听周老师讲课，有时还故意做一些滑稽动作、鬼脸惹周老师生气，也经常不做作业。开始，周老师以责备带命令的口气叫他认真听课，做作业。他没有任何改变，反倒让周老师觉得难以下台。

课后，周老师让一位学生叫他来办公室。他进了办公室，一副满不在乎但又警惕的样子。他以为周老师会对他发火，没想到周老师却搬了个凳子，让他坐下，他坚决不坐。不过之后，他的态度却明显改变了。

周老师说："老师想真诚地给你道个歉，如果我无意间伤害了你，请你原谅老师的过失好吗？"听完这句话，他低下了头，眼泪大颗大颗地往下滴。

原来，周老师在一次他与同学发生矛盾的时候不问情由地责备了他，并说了句"把他扔出教室"这样的话，而这句话深深地伤害了他的自尊。

周老师跟他聊了好久，并送他回家。

周老师与小K还约定，当他以后有过失时，周老师只需稍作提醒，如果他不改，周老师再责备他，他绝不生气。

从此，他变了，在后来的教学中，周老师借着他的进步，特别表扬了他。这使得他上进的劲头更足了，经常提前预习，与周老师的关系也更亲近了。

在与小K的沟通过程中，周老师遇到了瓶颈，但他还是找准了谈话的切入点，并且以自己诚挚的道歉，换来了学生的理解和尊重。

作为教师要注意寻找和利用沟通的切入点，尊重和发展学生的主体意识与能力，激发学生自我提升的内驱力。这样一来，师生之间的沟通才会顺畅，师生双方才能达成"双赢"。

## （三）寻找沟通切入点的具体方法

与学生的沟通，是教师了解学生真实想法和心理活动的一种行之有效的方法。通过沟通，教师可以引领学生进入一个融洽的交谈氛围，加之有步骤、有耐心的引导、启发，让学生心悦诚服，产生积极的心理反应与行为反应。那么在具体教学实践中，教师怎样才能找好与学生沟通的切入点呢？

1. 在引起学生共鸣方面寻找切入点

有的学生喜欢在背后说教师的坏话，与教师作对。教师可以这样和学生沟通："我为你所犯的错误感到痛心和难过！老师为你惋惜，也为自己没有尽到对你帮助、教育的责任而深深感到抱歉。不过还好，现在还来得及。老师相信你能认识自己的错误，也一定会改正自己的错误。至于你骂老师的事，老师是不会计较的，也不会记恨在心。用你尊敬老师的实际行动来抹掉这一切吧！我们是可以成为好朋友的，你有什么心里话，可以找我说，好吗？"

这样充满感情的一席话，相信学生听了之后，心灵会受到强烈震动。

与学生谈话，教师必须"晓之以理，动之以情"。换言之，教师要想说服学生，感化学生，必须讲究谈话语言的情感性，要引起学生的情感共鸣。

2. 在学生感兴趣的方面寻找切入点

有的班主任经常深入到学生寝室，了解学生的情况，得知学生平常喜欢谈论食堂伙食，并对食堂的饭菜颇有微词。这天，这位班主任一进门，就对学生说他今天"表扬"了食堂师傅，饭的花样品种多。学生不解地问："不就只有米饭吗？还有什么花样？"他正儿八经地说："不，有生饭、熟饭还有半生不熟的饭。怎么不是花样多呢？"学生们一听"哗"地全笑了。于是学生就你一言我一语地说开了。从伙食说到常规，从常规说到班风，一直讲了20多分钟，学生们仍然兴致勃勃。有几个学生还主动把自己的想法和建议提了出来，供班主任参考。

许多学生在和教师谈话时总是怀着一种戒备、抵触的心理，不愿敞开心扉。这就要求教师要恰到好处地选准一个令其兴奋的话题，把他们的表达欲调动起来。

3. 在学生闪光的方面寻找切入点

有个学生与班长关系不好。在选举班干部时，这个学生仍投了班长一票。事后，班主任便找这个学生谈话，他怀着戒备心理等待班主任的训斥。

班主任第一句话就高兴地说道："我发现你有一大优点！"这个学生没有说话。

班主任又很快了解到他疑惑的心理，并不急于解释，问道："你为什么同意班长继续担任班干部？"学生回答："因为她能热心为同学服务，肯负责，敢于坚持原则。大家也是这么认为的。""你不是和她吵架了吗？""那也有我的不对。"

班主任这才指出："这就是老师发现你的一大优点：能认识自己的错误，敢于承认自己的错误，同时又能看到同学的长处。看来，你的缺点主要是脾气坏了点。"

几句话说得学生不好意思地笑了。

班主任的一席话成功地说服了这个乖张的学生，主要就在于班主任捕捉到学生的"闪光点"，抓住这个沟通的切入点，把话说得动听而中肯。

教师特别是班主任，在与学生尤其是后进生谈话时，应尽量抓住学生的闪光点，从这方面和学生进行沟通，让学生认识到自己的长处，从而肯定自己。待学生情绪稳定，有兴趣和教师交流下去后，再指出其缺点和不足，进行适当的批评教育，这样学生就容易接受了。

所以，教师在与学生沟通时要善于找到沟通的切入点，这样与学生的沟通才会愉快地进行下去，并且会收到事半功倍的效果。

# 七、追求瓜熟蒂落的效果

　　教育家第斯多惠说："教育的本质不在于传授本领，而在唤醒、激励和鼓舞。"而唤醒、激励和鼓舞并不是立竿见影的，需要时间来等待成果。

　　比如，有的学生在回答问题时总是滔滔不绝，作为教师，是打断他的话还是继续等待？打断的话，他会像泄了气的皮球一样无精打采，可能会从心底认为教师不尊重他，导致他以后不再注意听教师讲课。

　　或者，正当教师津津有味地讲课时，发现一个学生正在埋头看别的书。如果教师停下来斥责他一顿，其他学生就会把注意力集中到教师的呵斥上。等处理完事情继续教学时，教师就会发现自己和学生一样，情绪已经被破坏了，很难再回到刚才的氛围。

　　出现这些情况时，教师不妨稍微等等，不要太过急躁，要把握好与学生沟通的时机，采取最完美的方式让学生察觉自己的过错，体会教师的宽容和良苦用心，然后自觉投入到学习中。

　　课堂的教育沟通不是凌乱的、无序的。它具有以下四个特点。

　　第一，整体性。每一堂课的沟通都是由相互联系、相互作用的若干要素组成的一个有机整体。

　　第二，层次性。课堂教育沟通必然要有一个顺序。

　　第三，动态性。课堂沟通的过程是动态的过程。

　　第四，可控性。课堂教学沟通的系统是可控的。

　　这就意味着，尽管构成教学沟通的部分和环节是多种多样的，各部分、环节间的关系又是错综复杂的，但并非混乱无序，而是可以按照预先设计的目标进行。教师应该根据课堂沟通的特点，在意外事件发生时，不妨稍微等等，准确地把握好与学生沟通的时机。

## （一）在开始时就把握好沟通时机

著名教师黄国强在教授《祝福》这课时，是这样把握与学生的沟通时机的：

黄老师问："大家知道老师姓什么，叫什么吗？"

学生很快齐声说："老师姓黄，名为国强。"

"老师，你爸爸希望你长大为国家富强出力吧？"一位学生在座位上随意地说。

黄老师回答："对。老师有名有姓，你们每个同学也都有名有姓。昨天，老师让你们预习的《祝福》这一课，讲述了祥林嫂的悲惨人生。你们有没有找到祥林嫂姓什么，叫什么呀？"

学生1回答："没有，人家就叫她祥林嫂。"

学生2回答："她嫁到丈夫家，她丈夫名叫祥林，所以大家就叫她祥林嫂。"

黄老师说："没错！封建社会的女性，一嫁到丈夫家，连自己的姓和名都没有了。老师这里还有一个问题，祥林嫂第二次改嫁给山上的贺老六，那么应该叫贺六嫂呀。大家从课文里找一找，有人叫她贺六嫂吗？"

学生2又回答："没有，课文中是这样写的，'鲁镇上的人仍然叫她祥林嫂'。"

黄老师问："那是为什么？"

学生2回答："我想，大家已经叫习惯了。"

学生3回答："我想鲁镇上的人不赞同她改嫁。"

黄老师说："我们从鲁镇上的人们仍然叫她祥林嫂可以看出，当地人是不赞同她改嫁的。因为在封建社会里，男人可以有几个老婆，但大多数女人当丈夫死后只能守寡。可见在封建社会之下的男女是处于不平等地位的。"

对于一篇课文，不同的教师会有不同的讲授方法。有的教师喜欢平铺直叙地讲，有的教师喜欢在谈话中讲，把握好与学生的沟通时机，从而获得良好的教学效果。比如黄国强老师，他就拿自己的姓和名作为课文的切入点，在学生对他的名字发表意见时，将学生引入对祥林嫂的讨论中。

就这样，黄老师很好地把握住了与学生沟通的时机，在沟通中引导学生更具体、更深入地理解鲁迅笔下祥林嫂的悲剧命运，进而更好地促使学生的情感接近课文。

课堂的有效性之一就是要看课堂中教师把握师生沟通的时机是否恰当，是否使学生和作者产生了情感上的共鸣。也可以这样说，教师如何把握好沟通的时机，是课堂教学产生高效率的重要原因。

## （二）根据学科特点，在恰当处把握时机

著名教师张启华在教"三角形的面积计算"一课时，说："同学们，我们学过长方形、正方形、平行四边形的面积计算。那么你们猜猜看，我们今天要学习的三角形的面积该怎么算呢？"

这时学生纷纷举手，踊跃猜测。有学生猜三角形的面积＝底×高，也有同学猜三角形的面积＝底×高÷2。

张老师又问："那么你们能试着证明自己的猜测吗？"

这时的场面变得更加令人兴奋起来。学生中有讨论的、独立思考的、征求老师意见的……很多学生都能根据学过的长方形、正方形、平行四边形的面积计算中去推导、验证。

在教"面积单位"这一课时，张老师是这样设计的：

他先出示大小差别非常明显的两个三角形，让学生比较它们面积的大小，得出：面积的大小可以用眼睛看出来；再出示两个等宽不等长、面积差不多的长方形让学生比较大小，得出：面积的大小可以用重叠的方法比较出来；然后出示不等长也不等宽、面积差不多的一个长方形和一个正方形让学生比较大小，学生经过实际操作、深思后得出：可以画方格，再通过比较方格数的多少来比较面积的大小。

最后，张老师出示了两个方格数相等但面积明显不等的图形，引导学生讨论：方格数相等为什么面积不相等？从这个现实问题中学生得出：方格的大小必须有统一的标准。

这时，张老师再引出"面积单位"，就已经是"水到渠成"的事情了。

不同的学科有不同的特点，所以沟通的时机也是不同的。比如，数学学科的特点是逻辑性、系统性强，新知识是旧知识的延伸和深入。那么，数学教师就要把学生原有的认知结构当成连接新旧知识的纽带和桥梁。所以，在实际教学中，教师就要注意把握好这样的时机。

张启华老师在教学中对沟通时机的把握非常好。在讲"三角形的面积计算"一课时，他很好地把握了与学生沟通的时机，既复习了旧知识，又根据旧知猜测新知，使学生很快进入积极学习新知的状态。

在充满问题的课堂中，教师不妨引导学生把学习新知的压力变为探究新知的动力，激发他们自主学习的欲望，从而使他们努力去证明自己的猜想，真正成为课堂的主人。

在讲"面积单位"一课时，张老师把握好沟通的时机，通过比较法组织教学，让学生在比较当中，得出了正确的答案。这样学生不仅掌握了面积单位的概念，而且了解到面积单位产生于解决实际问题的过程，从而体会到数学知识与实际生活的紧密联系。

### （三）把握沟通时机的具体方法

既然教师在和学生沟通时把握住了时机，对于教学效果的重要性是如此巨大，那么教师就要努力去寻找这样的时机，恰当地把握并运用这样的时机。其实，教师在把握与学生沟通时机时是有技巧可循的。

1. 当学生疑惑时，要把握沟通的时机

教《荷塘月色》时，著名教师王俊宁导入课文后，问学生："作者为什么在开头就说'这几天心里颇不宁静'？"

学生思考后，仍然不能很好地解答这一问题。

王老师立即说："作者的'心里颇不宁静'与观赏荷塘月色有什么联系？"

这一问，无疑激活了学生的思维。他们开始认真地看书，寻找答案。

通过学习、思考、讨论，学生很快就明白了：作者是为了排遣胸中的郁闷和哀愁，来到荷塘，观赏美丽的荷塘月色。作者笔下的荷塘月色，表现出一种自然美、意境美，更显示出作者的人格美。

孔子曰："不愤不启，不悱不发。"教学中，教师要善于引导学生进入"愤悱"状态，通过"生疑—质疑—释疑"的过程，培养他们发现问题、分析问题、解决问题的能力。学生有了疑问，教师就要及时与其沟通。

王老师这种利用学生的疑惑把握时机的提问，不仅引导学生准确地理解了作品的时代背景，更重要的是激活了课堂教学氛围，为一堂课开了个好头。

2. 在新旧知识有联系时，要把握沟通的时机

在讲《草船借箭》一课时，一个学生大胆地向特级教师宁鸿彬提出："10万支箭是诸葛亮用计骗来的，而不是借来的，题目应该改为《草船骗箭》。"

在肯定了该学生敢于发表自己的意见后，宁老师紧接着就提出一个新的问题："诸葛亮用草船借来的箭，后来又干什么了？"

这个问题引导学生联系以往学过的《赤壁之战》，较好地解决了对"借"字的理解。

教师在课堂上要充分利用学生已有的旧知识结构，把新知识放在整个旧知识的背景中让学生去思考。这就需要教师在讲授新知识之前，抓住新旧知识内在联系的结合点，与学生沟通。从学生原有的知识中找到新知识的生长点，设计出导向性的问题，为学生铺好"认知的桥梁"，促使新旧知识间的渗透和迁移，从而有利于教学的顺利进行。

3. 在教学环节的关键处，把握好沟通的时机

所谓"关键处"，是指教学目标中的重点、难点。

中学语文教材《孔乙己》这课中，有多处出现了"笑"字，这个"笑"字实际上就是作者精心构思的一个"文眼"。教师抓住这个"笑"字设疑提问，与学生进行沟通，就可以引导学生层层深入地发掘文中所蕴涵的深意。

教师围绕"笑"字可以提出一连串与学生沟通的问题："孔乙己一出场，就有一个字伴随着他，这个字谁知道？""课文中哪些地方表现出孔乙己的可

笑?""周围的人为什么都讥笑孔乙己？这反映了什么问题?""我们读了《孔乙己》，非但笑不出来，心中还有隐隐作痛之感，这是为什么?"

这些提问，处处都问到点子上，个个都能激起学生思维的波澜，引发了学生热烈的讨论甚至辩论。对于这节课，"笑"的问题研究透了，学生对全文也就理解透了。

4. 当学生思维出现障碍时，要把握好这一沟通时机

在学生思维出现障碍时，教师给予适当点拨，引导他们一步步去寻找正确的答案。

例如，小学语文教材《养花》中有一段是讲养花的乐趣的，文中写道："养花有喜有忧，有笑有泪，有花有果，有香有色，既须劳动，又长见识，这就是养花的乐趣。""喜"和"笑"当然是乐趣，小学生很容易理解，为什么作者说"忧"和"泪"也是乐趣呢?

对于这样的问题，小学生不太容易理解，这就需要我们通过提问，引导学生在指定的目标下进行思考。

答案可能不是一步就可以获得的，教师可以采用层层深入的方法，注意变换角度，以引起学生深思、多思的兴趣，促使学生的思考由表及里、由浅入深，直至到达"理解"的彼岸。

沟通时机相当于部队打仗时冲锋的号角，只有号角吹响了，战士们才会跃出战壕，杀向敌阵。教师在与学生沟通时，抓住有利时机，不但对学生的教育可达到事半功倍的效果，而且还对自身形象的树立有很大帮助。学生说："嗯，我们的老师真是有水平!"

# 八、蹲下来和学生说话

　　我国著名教育家陶行知先生说过："真的教育是心心相印的活动，唯独从心里发出来的，才能达到心的深处。"从陶先生的话中，我们可以体会到，离开了情感，一切教育都无从下手，即便勉强为之，也不会取得理想的教育效果。

　　怎样才能使教育的过程成为师生互动沟通的过程，并且收到良好的教育效果呢？答案是：在和学生沟通时，把尊重放在首位是教师开启学生心灵的一把钥匙。

　　大凡能够赢得学生尊敬和爱戴，且在教育教学工作中颇有建树的教师，在他们的教育词典里绝对不会缺少"尊重"二字。"教育从语言尊重开始"，这是无数教育先辈的实践真知。

　　正如教育家马卡连柯说的那样："我的基本原则永远是尽量多地要求一个人，也要尽可能地尊重一个人。"因为如果教师不懂得尊重学生，那么，他的一切目标最终都会落空。

　　自尊心人皆有之，在课堂交流中渴望得到尊重是学生的内在要求。尊重学生，不仅是教师应具备的职业道德，也是保证师生之间有效沟通的前提。

　　"蹲下身子"与学生对话，不单是指在形体上蹲下身子，而是指教师要在思想上、认识上放下"架子"，不以权威者、领导者自居，不搞"一言堂"，要给予学生辩解申诉的机会和权利，以与学生平等的大哥哥、大姐姐，甚至大朋友的身份与他们交流，为他们创造一个心理安全的氛围。这样，学生才能接受教师，并愿意与教师沟通。

　　特级教师于永正有一句话："我最喜欢发言错了的学生。"他认为，错误才能引出正确，"失败是成功之母"。

　　"蹲下身子"和学生交流，倾听学生的心声，用教师的尊重换回学生的自信，用教师的尊重换回学生的尊重，才是为人师者最应该牢记的。

"蹲下身子"和学生说话，主要表现之一就是在课堂上与学生沟通时要注意语言上的尊重。教师不能因为自己是教师，就认为学生对自己应该言听计从，俯首帖耳。教师也不是全能全才，在学生表现出强于自己的地方时，要勇于"俯首称臣"，不能把学生的创造性发挥或过激言行看做对自己的不敬。

有一位数学教师正在讲一道关于工资上税问题的应用题。忽然，一名学生站起来说："老师，您讲得不对。"这位教师愣住了，全班学生的目光也"刷"一下投向他。但是，他不仅没有责怪这名学生，反而请他上来讲了一遍。这名学生讲得确实非常清楚，该数学教师为此专门表扬了他，并当场表示在这个问题上自己应当向他学习。

结果，这件事不仅没有影响数学教师在学生中的威信，反而使学生认识到：学习要勇于思考、大胆创新、敢于发言，才能不断进步。

教师与学生沟通时要换位思考，站在学生的立场反思一下自己的行为，是不是有对学生欠尊重的言行举止。同时，在教学和工作中，教师要坚持平等相处的原则，以心交心，克服"我说你得听""我骂你得受""我打你得服"等传统的认识，真正与学生做朋友。

事实上，课堂上教师放低身份与学生交流，对于整个教学来说是意义重大的。

教师尊重学生，让学生在宽松和谐、融洽的环境中轻松自然地获取知识的营养、健康快乐地成长。这对于学生在思想道德素质、科学文化素质和健康素质方面获得全面发展，具有十分重要的意义。

此外，教师尊重学生是对学生的价值和潜能的一种积极肯定，有利于学生排除紧张、惧怕、担忧的心理，消除其自我防卫的抵御心理，从而能畅所欲言，积极面对自己的问题并寻求解决的途径。

## （一）蹲下身子和学生对话

执教《漫话沟通》一课时，香港著名教师黄锦艳以尊重的话语与学生沟通，真正做到了尊重学生的个性发展。

黄老师一上课就提出要求，希望学生按照课文内容设计问题，所有问题里必须有"为什么"或"怎样做"。

学生问："人类怎样沟通？为什么沟通？"

学生问："除了课本所讲的沟通方式之外，我们的祖先还怎样和别人沟通？怎样利用文中提出的沟通工具呢？"

黄老师说："要用心去沟通，今天我与你们交心，我们用心沟通。"

黄老师问："动物用不同方式与同类沟通的目的是什么？"

学生回答："为了传递信息。"

黄老师问："比较动物与人类的沟通方式，最想说明的是什么？"

学生回答："人类更善于讨论。"

学生回答："人类更善于寻求有利于沟通的途径。"

学生回答："人类沟通的方式更加多样化。"

黄老师问："有了好的沟通工具是不是就足以令人沟通得很好？比如说，你想上网，父母不让，你会怎么说？"

学生回答："我会说，从网络上我可以获得不少书本上没有的知识，你们为什么阻挠我呢？"

学生回答："我会说，爸爸妈妈，相信我是有自制力的，我不会过度沉迷于网络的。"

黄老师问："有更好的沟通方法吗？这个星期里如何与家人沟通？请大家写下来。"

接下来，学生们都很投入地设计起沟通方案来。

黄老师的这堂课给每一个学生都留下了深刻的印象。在整堂课中，黄老师真正尊重了学生，用心与学生平等地交流。无论是"在学生讨论时，教师教给学生提问的方法"这一环节的语言，还是教师让学生探讨"如何与家长就上网问题进行沟通",都充分体现了尊重学生的原则。

由于黄老师在语言上尊重学生,打开了学生的心扉,很容易地了解到学生在生活中存在的困惑,所以,设计的问题就具有相当的代表意义,使学生学会在实际生活中与家人及周围的人沟通。此外,黄老师的课堂教学与生活实际密切联系,让学生真正领悟到了语文学习的目的是为生活服务的真谛。而这一切都得益于教师语言对学生的尊重。

## (二) 在特殊事件上更要体现尊重

著名教师邵康毅在讲授《荒岛余生》一文时,有其他班级的教师在听课。由于文章内容较浅显,教师和学生很快就讨论完了这篇文章。

这时,离下课大概还有 10 分钟。

突然有一个学生提出:"老师,给我们讲个故事吧。"其他学生也一个劲地嚷起来,对有其他的教师在场听课的情况毫不顾及。

对于这种突发的情况,邵老师既没有生气,也没有当场拒绝学生的要求,而是做了一个"停"的动作,笑着说:"好,几天没给大家讲故事了,大家想听了吧,我就来一个。"

于是他就生动地讲了美国国务卿康多莉扎·赖斯怎样成为有史以来美国政府中职位最高的黑人妇女的故事。

"故事讲完了,大家听得还满意吧?"邵老师浅笑着问。

学生们当然是一致高呼:"满意!"

这时,邵老师就马上接着说:"你们是满意了,不过讲到这个故事,我就来了两个问题,要考一考大家,不知各位同学能不能让我满意啊?"

学生们劲头十足了,一个个嚷着"没问题""来吧"……

邵老师说:"第一,赖斯的故事和我们今天所学课文中的主人公鲁滨孙有什么共同点?第二,你认为赖斯身上还有哪些值得我们学习的精神品质?"

最后的时间就在学生的抢答中结束了。

在具体的教学过程中,教师也可能遇到一些突发事件,不同的教师针对这一突发事件会有不同的处理方式,有的教师可能会不加考虑地强行制止,也有的教师会运用语言的技巧，蹲下身子，尊重这一事件的提出者，从而使事件得到圆满的解决。

在面对教学中学生突然提出讲故事的要求，邵老师没有因为自己是教师而拒绝学生的"无理"要求，而是十分尊重学生提出的问题，在与学生的良性互动中，完美地处理了这一突发事件，获得了很好的教学效果。

课堂上，学生不怕教师，才会精神饱满地上课，才会积极回应老师的提问。所以，教师要放低身子和学生说话，尊重学生的要求，这样才会发现更多，收获更多。

## （三）尊重性语言能带动学生的积极性

著名教师蒋菊莲在教学过程中就非常重视教学语言对学生的尊重，把自己当成是学生的朋友。

在讲授"科学计数法"一节时，她设置了这样一个情境：她在黑板上写下 54，540，54000，5400000，5400000000000000000000000000 这样的一组数据。

学生就在想老师写这么简单的数字做什么呢？

蒋老师考虑到学生的差异性，为了提高后进生的学习积极性，就在写完之后，依次抽了成绩较差的学生读前三个数，而后由大家公认的优秀学生来读后两个数。

学生读完前三个数，蒋老师表扬他们："很好！"他们很高兴地坐下了。

而这位优秀生在花了好长时间才准确地读出第五个数后，脸涨红了。

下面的学生开始七嘴八舌。

蒋老师赶紧说："最后一个数字是太长了，可能有点难为这位同学了。不过他最终还是准确地读出来了，也应该得到表扬。大家掌声鼓励一下！"

随后，蒋老师就对学生说："大家想知道这个数怎么读吗？"学生的兴趣被调动起来了。

就这样，学生们以极大的热情投入到科学计数法的学习中。

教师的教学过程就是和学生不断沟通的过程，而尊重的语言能够拉近师生之间的距离。不论是优秀生，还是后进生，都渴望教师语言的尊重。这样，学生才会感到教师是很亲切的，不会把教师看成难以靠近的。

良好的开端，会让课堂成功一半。蒋老师遵循由易到难的认知规律，尊重学生的个体差异，有策略地引入了主题，从而引起了学生的认知冲突，"让学生共同面对了一个问题情境"，引发了学生的求知欲。

但是，在现实中，有部分教师在课堂上不喜欢提问后进生。这样后进生就会感觉自己被遗忘了，而逐渐失去了学习的信心。这类教师，不妨向蒋老师学习一下，在课堂上尊重后进生，重视后进生，让后进生在教师语言尊重的过程中，重拾学习的信心。

## （四）运用尊重性语言的具体方法

教师尊重学生，蹲下来和学生说话，会缩短教师与学生之间的距离，从而使师生之间的沟通更顺利。这样，教师就能够更好地了解学生的情况，从而采取恰当的措施，因材施教。蹲下身子和学生说话，要求教师时刻注意自己的语言。

1. 换一换口吻，多用尊重性的言语

教育教学中，教师无意中说出的话，会对学生产生微妙的影响。因此，教师需要随时注意检点自己的语言，避免对学生造成伤害。

（1）要杜绝侮辱之声

侮辱性语言对人的心理伤害最大，特别是出自最信任的人之口，往往会对学生造成毁灭性的打击。因此，教师说话要三思，千万不要将侮辱之声说出口。

现实中，个别教师的侮辱性语言随口即出，如"你简直是害群之马""你一条臭鱼坏了一锅汤"。这些近似人身攻击的语言，不仅会给学生带来极大的心理压力，而且直接影响学生的身心健康，应坚决禁止。

（2）要摒弃蔑视之声

对一些学习成绩不好、自我要求不严，或者是其他条件不好的学生，个别教师会不自觉地在教学中流露出轻视的态度，进而在说话时出现蔑视之声："你怎么这么笨，什么都做不好""你永远不会有出息的"，等等。这些话，说者无心听者伤心。学生人格受到贬低和伤害，可能会导致他们从此"破罐子破摔"，每况愈下。

（3）要多用商讨之声

商讨的语言容易被学生所接受。比如，我们可以变一味地"我说你听"为相互探讨、商讨征求的方式。比如，"××同学，这个问题请你给大家讲一讲如何?"这些商讨式的语言，不仅不会影响教师的权威，相反会使学生感到教师理解、尊重他们，从而更加尊重教师。如此，师生不断营造相互尊重的学习环境，促进教学相长。

**2. 注重平时的礼貌用语**

《礼记·仪礼》中说过："言语之美，穆穆皇皇。"这里所表达的意思就是说话要尊重对方，谈吐要文雅，态度要平和。礼貌语言应当贯穿于师生交往的各个方面，使之成为一种自然的教育力量。

比如，当学生向教师打招呼时，教师要热情回礼；当教师要求学生帮助做事时，教师应该说"你辛苦了，谢谢你"；当学生犯错误时，教师应当表现得很有涵养，不要忘记使用礼貌语言。总之，教师要坚决摒弃一切刻薄的挖苦学生的语言，避免伤害学生的自尊心。

**3. 语言含蓄委婉，时时保护学生的自尊心**

在课堂教学实践中，教师的批评如果直言不讳，学生可能会因为自尊心而难以接受，有时甚至还会反唇相讥，使师生双方都很尴尬。所以教师的语言不如委婉些，这样效果也许会更好。

比如，在课堂上，一个学生坐立不安，手舞足蹈。老师暗示了他好几次都无济于事，后来悄悄递给他一张纸条："你是体育场上的佼佼者，老师相信你在课堂上同样会很出色的，你说呢?"这个同学的脸悄悄地红了，很快就安静下来，专心投入学习。

总的来说，在和学生交流的过程中，教师要从换位的角度去体会学生的感受、情感和态度，注意在语言上尊重学生，从而让学生感到自己是被尊重的，老师是爱自己的，即便是批评，老师也是为自己好，这样就能让沟通更富有成效。

# 第 五 篇

# 说话要讲尺度：
# 批评要适当　表扬要具体

　　恰当的批评可以使学生发现言行中的问题并及时改正，不得体的批评会在孩子心中投下阴影，造成潜在的心灵创伤。批评要分场合，要给学生留有改正的余地，让他们理解到老师的关爱。面对棘手学生和突发事件，教师要具有一定的自制力，善于控制自己的情绪，约束自己的言行。既不能让后进学生放任自流，也不能一味地苛责谩骂。及时发现他们的闪光点，寻找有效的解决途径，对于学生的健康成长有非常积极的作用。

# 一、批评前，先把情绪调整好

在日常教育教学中，学生经常会出现一些不符合课堂纪律，甚至有违道德规范的行为，如恶作剧、没礼貌、爱骂人、好打架、考试作弊，等等。对这些错误，教师免不了用一些教育方法来加以制止，其中"批评"就是教师教育学生的"常规方法"。

从心理学角度来看，人们往往是把挨批评看做很没面子的事情。在挨批评时，心里总是不舒服，哪怕是最正确、最应该的批评，有时也会使批评者与被批评者之间产生隔阂、矛盾甚至怨恨。

在教学中面对学生的缺点、错误，教师免不了经常进行批评。但如何避免批评带来的负面影响，让学生心悦诚服地改正错误呢？这就需要教师掌握一些批评的技巧。

教师也是人，面对学生的错误，难免会出现情绪波动，而在批评时带有情绪就会失去冷静，甚至丧失理智，导致口不择言，说出一些有失教育水准的话，给学生带来伤害。

在批评中不带有主观情绪是掌握批评艺术的基础。教师的能力素养、职业性质也都要求教师在批评学生时，必须具有自制力，善于控制自己的情绪，约束自己的言行。

心理学研究表明，当事物符合我们的愿望与观点时，就会对它产生肯定的态度，从而产生满意、愉悦、喜爱、羡慕等积极的内心体验。反之，则会对它抱有否定的态度，引起不满、烦闷、厌恶、轻蔑等消极的内心体验。在面对学生的错误行为时，教师能否有效控制住自己的情绪，直接影响批评教育的效果。

## （一）摒弃先入为主，去除"惯犯"心理

### 案例一

湖北省城东小学张淑清老师在刚刚担任班主任时，遇到了这样一件事情。

班上一位任课老师被学生在背后叫做"唐僧"，甚至有些学生还当面这么叫。那位老师愤怒之下，将这件事告诉了班主任张老师。

张老师在调查中，问学生们为什么叫老师"唐僧"。一开始他们都不愿回答，在张老师的一再追问下，有的学生才说："我们都觉得那个老师很烦，老是在课堂上啰里啰唆地说一件事情。有时候我们都知道错了，已经开始努力改过了，但她依旧在那儿不断地说，真的很烦！"

另一个学生接着说："一堂课，她会批一个同学半节课。都是过去的事，翻来覆去地说无数次！"

……

张老师了解到这一情况后，明白了那位老师在批评时没有控制好自己的情绪，导致将犯错的学生当"惯犯"来处理，所以采用了"不停唠叨"的批评方式。于是，张老师先让那些给老师取"外号"的学生跟那位老师当面道歉，然后再找那位老师深入探讨了批评学生的方式，最终达成共识：放弃那些不好的批评行为，不再深究学生以往的过错，尽量做到就事论事。此后，那位老师在学生心中的形象逐渐得到改观。

### 案例二

张淑清老师的班上有一位姓刘的学生，非常调皮捣蛋，令每一个老师都头疼不已。每当班里什么东西损坏了，或者发生打架之类的事情，老师首先就会想到他。他自己对此也似乎有了"抵抗力"，面对老师的批评总是无动于衷。

当然，很多时候刘某并没有犯错，但老师批评时总少不了他。

面对老师先入为主的"惯犯"心理，刘某也不作任何解释。在他看来，解释是无用的，老师认定是他做的就是他做的。久而久之，他也不在乎老师

的批评，成了典型的"破罐子破摔"。

在日常的教育教学中，许多教师批评学生时，由于一时无法控制自己愤怒的情绪，往往会把学生以前做过的错事也一一提起，总喜欢把学生定性为"惯犯"。其实，当教师冷静下来，就会发现学生这次犯的错误与以前的错误根本毫无关联，而老师频繁地提及往事反而会使事情变得越来越糟。

这种"惯犯"式的认定批评法，不但不能让学生认识到错误，有的学生甚至还会认为这是老师在报复。因此，在批评时，教师要做到就事论事，就一个问题谈一个问题，不要把以前和这次没有关系的错事拿到一起来讲。

因此，教师在批评学生前，应该尽量给自己短暂的平复情绪的时间，避免使用诸如"你以前也是这样……""你怎么搞的？旧病未治新病又来……""说你这么多次都没有用，简直无药可救……"等话语。一旦教师将这样的语言变成口头禅，学生就会误认为教师是在揭老底、算旧账，这样就达不到促使学生改正错误的效果。

每个学生都有自己一些希望忘掉或已经埋藏在心底的往事，如果教师总是把过去的错误翻出来并且唠唠叨叨地讲个没完，动不动就去揭学生的伤疤，不仅不会帮助学生做得更好，还会让学生觉得教师喜欢拿老眼光看人，甚至产生憎恶心理。

## （二）批评时要一碗水端平

广东省湛江市吴川沿江小学教师余晓妮教育过这样一位后进生：他经常和同学打架，对人态度蛮横，多次教育不改。

有一天上课时，他居然打了后面的学生一顿。余老师知道后，并没有立即批评他，而是先去了解情况。谁知他不但不说，还摆出一副傲慢、满不在乎的样子。

余老师并没有因此而生气，而是静下心来耐心地与该学生做了一次长谈。最后，该学生说出了事情的经过，原来是后面的那位学生在上课时不断地骂他，还用圆珠笔戳他，他忍无可忍才打了他。

余老师问他："为什么不告诉老师？"

他说:"他骂我,老师没看见。我说了,老师肯定不相信,因为后面的学生是'三好生',老师肯定会说我冤枉他。"

余老师听了他的话,郑重其事地告诉他:"在我的班上,不管是'三好生'还是'后进生',不管是班干部还是一般的学生,老师都会公平对待,不管谁犯了错误老师都会批评!"

余老师的话改变了该学生对老师的态度。他再犯错时,余老师批评他,他也不再顶嘴,而是心悦诚服地接受批评。此后,余老师还多次在班上提及:学生一旦出现问题,要第一时间请求老师解决,她会不偏不向,公正处理。

教师要掌握一个原则,那就是无论面对平时表现好的学生,还是表现差的学生,都应一视同仁,尤其是在批评时,绝不能有一丝一毫的偏袒。这对于教师而言,确实是"说起来容易做起来难"。但公平才有说服力,公平才能让人心悦诚服,这一点不能不引起我们的足够重视。

同是做错一件事,对于平时各方面表现较好的学生,有的教师往往会不自觉地往好的方面去想,认为他们是偶然的或者无心的,常会大事化小、小事化了,也很容易原谅他们的过错;而对于平时表现较差的学生,一些教师通常会先往糟糕的方面去想,认为他们是必然的或者故意的,因而常常小题大做、百般刁难,又是批评又是检讨,很少会轻易放过。

教师这种无意中形成的"厚此薄彼"之情,对于那些更需要关心、帮助与鼓励的后进生来说,会让他们因为教师的不公平而承受更大的心理压力,并使他们产生强烈的对抗情绪,从而产生逆反心理。

教师的批评语言一旦不当,就很容易使犯错的学生对教师的批评不满或抵制,有的甚至会故意做出与常理背道而驰的行为。因此,绝不能以学生平时的表现好坏定"亲疏",要一碗水端平,语言中不掺杂任何偏见。教师要一视同仁地对待犯错误的学生,这样才会取得学生的信任。

## (三) 批评不带情绪的具体方法

### 1. 批评要建立在事实的基础上,做到"论事不论人"

一切的批评都必须建立在事实的基础上,要"论事不论人",这样才不会让学生觉得教师带有偏见。面对犯错的学生，愤怒中的教师首先要控制好自己的情绪，避免过激的语言脱口而出。教师千万不要在未弄清事实之前，就开始批评学生。只有掌握了事件发生的前因后果，批评才会有针对性，学生才会心服口服。

2. 先冷静下来，从分析错误的成因入手

批评的目的是为了指出学生所犯的错误及其存在的缺点，并指导学生认真改正。因此，在学生犯错后，教师不要一味地用单调的、机械化的语言批评他们，这样只会加深学生的逆反心理，使批评教育难以进行。

教师应该先做做深呼吸，让自己冷静下来，对犯错的学生进行认真观察，调查研究，仔细分析他们犯错的原因，然后再帮助他们找到改正错误的方法。

在学生改正错误的过程中，教师要允许学生出现反复，并对这种"反复"进行耐心的教育。这样，学生在反复中就可以吸取教训，增强抑制不良习惯的内在"免疫力"。教师应该把这种反复看做教育的良机，要循循善诱地帮助他们总结教训，向好的方面转化。

3. 心存公正，摒弃偏见

每位学生都有可能做错事，教师及时、严厉的批评会给学生留下深刻的印象，甚至会对其一生产生重要影响。心存公正、摒弃偏见是教师让学生心悦诚服地接受批评的最好方法之一。在批评教育的过程中，教师首先要把每位学生放在平等的位置上，从关爱的角度出发，动之以情，晓之以理，用真情去感化他们。教师要让每位学生平等地承担错误行为的后果，而且这个惩罚的标准是统一的，不是"因人而定"的。

批评是教育教学中最常用的一种教育手段，但必须讲究艺术性。适当的批评是师生进行交流的一种手段，也是学生不断完善自我的一种动力。但批评不是暴风骤雨，不能什么解气就说什么，那是不负责任的情绪化。教师的理智、冷静，是做好批评的前提，管理好自己的情绪，不让"火"从口中喷出来，是批评教育取得理想效果的关键。

# 二、批评不要伤自尊

"体罚",因为严重地伤害到学生的身体健康而受到了社会的广泛关注。但我们并没有认识到另一种比身体伤害更为严重的伤害——"心罚"。

虽然在如今的教室里"教鞭""戒尺"已经渐渐地退出历史舞台,但另一种"惩罚"方式——批评,却成为教育学生的重要手段。

恰当的批评可以使学生发现言行中的问题并及时改正,能增强学生的是非观念,提高学生明辨是非的能力。但一些不得体的批评,不但起不到教育学生的作用,还会在学生的心里投下阴影,造成不流血的心灵创伤,使原本和谐的师生关系破裂。

每个学生都希望得到他人的尊重,得到别人肯定,这是人性中最基本的渴望。正如美国人文主义心理学家马斯洛分析的那样:人类除了最基本的生理需要和安全需要外,最重视的是被尊重的需要。

教师在批评教育中,应该避免使用伤害学生自尊心的批评方式,要责无旁贷地保护学生稚嫩的心灵。

## (一)用良言促使学生上进是上策

小悦上初中时有一次犯了错,被当时的老师称为"傻子",并把"傻子"当做了她的绰号。

那些日子,自小聪明伶俐的小悦学习成绩一落千丈,几乎真的成了"傻子"。绝望中,她两次割腕自杀。后来,小悦遇到了北京通县二中的李圣珍老师。在李老师的鼓励下,小悦变成了优秀的学生,并考上了大学。

记得有一天下午放学,李老师带领同学们排着队准备穿过马路。这时,小悦看见妈妈在对面的店里买东西,一时兴奋,竟忘了看红绿灯就要直奔过去。远处一辆大货车急速驶来，李老师一看情况不妙，赶紧冲过去拉住了小悦的衣服，把她拉回到了马路边。

李老师心有余悸地对小悦说："小悦，怎么搞的？太危险了，差点吓死我了……"

同样害怕的小悦眼泪汪汪地望着李老师，等待着那句被别的老师叫了千万次的"你这傻子"。然而，让小悦意想不到的是，接下来李老师却说："来，拉着我的手，我们一起过去。"

小悦感激地笑了，乖乖地伸出一只手由李老师护送到对面。事后小悦主动向李老师认了错，并保证在以后的日子里遵守交通规则。

李老师的话语是那样的温柔贴心，即使是批评的时候，都会让小悦觉得温暖。在李老师无微不至的照顾下，小悦很快走出了"傻子"绰号的阴影。

俗话说："良言一句三冬暖，恶语伤人六月寒。"作为教育对象的学生，因为年龄和阅历等原因心智还不够成熟，心理承受能力比较弱，自尊心也比较强，因而很在乎教师对自己的态度。教师的任何评价都会对他们产生很大的影响。

诸如"你怎么这么笨，跟猪一样！""就你这样的还想考大学？""你跟开除的×××一样，无药可救了！"等语言，会严重伤害学生。虽然教师的出发点是好的，是希望学生进步，但由于批评语言的不恰当，这种内在的善意会变为对学生的一种"心罚"。老师在浑然不觉中伤害了学生的自尊心，使学生产生自卑情结。而这种自卑情结一旦形成，就会使他们变得抑郁、厌世，丧失前进的勇气和热情。

在教育过程中，如果说严重的"体罚"可能导致学生伤残甚至死亡，那么"心罚"也会使学生的心灵受伤。教育学家研究表明，如果教师经常使用不恰当或带有侮辱性的"病理性语言"，不仅会伤及学生敏感脆弱的心灵，严重的甚至会使学生的精神扭曲，造成行为障碍和性格畸形。

教师应该学学李圣珍老师，让自己的语言像习习春风，饱含着使万物复苏的温暖。只有从教师口中说出的批评是出于真心关怀，学生才会乐意接受，并感受到这种温暖。真正的批评教育应该是为了唤醒学生心中沉睡的巨人，把学生的潜力变为现实，而非摧残学生的心灵。

## （二） 带有情感的批评更能起到转化作用

教育学家陶行知先生"四颗糖果"的故事可谓是保护学生自尊心方面的典范。

当陶先生发现学生王友用泥巴砸同学时，他先是制止了他，并没有立即批评他，然后叫他到办公室。当学生准时到时，陶先生把第一个糖果给了他，并说："你按时来到我这里，而我却迟到了，奖给你一颗糖果。"

而后又奖给了他第二颗糖果，并且说："当我不让你再打人时，你立即就停手了，说明你很尊重我，奖给你第二颗糖果。"

在给他第三颗糖果时，陶先生说："我调查过了，你砸他们是因为他们欺负了女同学，这说明你很正直，再奖你一颗。"

当王友认识到自己的错误并向陶行知先生道歉时，陶先生奖给了他第四颗糖果，并且说："因为你认识到了自己的错误，我再奖励你一颗糖果。"

与陶行知先生类似，李圣珍老师也善于"以情育人"。她曾经教过这样一个学生：他经常不写作业，上课说话，下课常欺侮人，对老师的批评也一副不以为然的样子，还常与老师"讲理"，在班上造成了不良影响。

面对这样的学生，李老师知道如果只靠训斥，只能是越训越糟，越训越没自尊心。为了转化他，李老师首先从沟通师生情感入手。当他犯错误时，李老师总是心平气和地单独与他谈话，帮助他分析其中的利害关系。

多次这样的情感沟通之后，该学生渐渐觉得李老师并不嫌弃他，对他很平等、很真诚，于是就慢慢亲近李老师了。就这样，李老师用情感的缰绳套住了这匹桀骜不驯的"小马"。

在日常学习生活中，李老师慢慢引导该学生走上健康规范的轨道，并从其他方面关心他，使他把老师的关心变成对自己约束的绳索。后来，这匹"小马"懂事多了，不仅做事能顾及别人的感受，在行为上也能用《小学生守则》来约束自己了。

古人云："感人心者，莫先乎情。"

陶行知先生的"四颗糖果"让学生认识到了自己的错误，同时也拉近了师生之间的距离。如果当时陶先生直接大声地训斥学生："你为什么用泥巴砸人？难道你不知道这是违反校规的吗？"也许就没有后面王友惭愧的哭泣了。

同样是对待犯错的学生，不同的批评方式、批评语言能产生截然不同的效果。因此，对待犯错的学生，教师应该调控好自己的情绪，不可以用过激的言语刺激他们，应以关爱为出发点，动之以情，晓之以理，用人格力量去感化他们。

从青少年的心理特点来看，学生的行为在很大程度上都以感情和情绪为转移，他们常常不是用理智去支配情感，而是用情感支配理智。教师只有像对待自己的孩子一样，怀着真诚、理解、尊重、信任和爱护之心对待学生，才能让学生亲近、信任我们，并心悦诚服地接受我们的批评。

现在的学生大多数是独生子女，从小生活在父母的精心呵护下，心理承受力较差。教师暴风骤雨般的训斥，不仅达不到预期的效果，反而会引起学生的逆反心理，甚至还可能造成师生间的情感对立，增加以后教育转变的难度。因此，教师应时刻注意尊重学生，即使批评也要以呵护学生心灵为前提，从而增进相互间的理解、信任，以利于开展学生的思想工作。

那些惰性心理、依赖心理较强的学生，他们的行为往往得不到别人的肯定，犯错后又容易受到教师的训斥。长此以往，他们会觉得不被理解而产生逆反心理，有时甚至与教师对抗。碰到这样的学生，教师在批评教育时更应加强情感投入，并在平时对他们的学习、生活多关心，以真心换真心。满含深情与期待的批评，往往会收到奇效。

## （三）规避"心罚"的具体方法

苏霍姆林斯基曾告诫过教师："请你们记住，教育首先是要关怀备至，要深思熟虑、小心翼翼地触及年轻的心灵。"所以在教书育人的过程中，教师要多给学生一点关怀，多给学生一些赏识，多给学生的心灵一片阳光。

当教师面对学生的错误，无法控制自己的情绪、想对学生施行"心罚"时，不妨想一想陶行知先生的告诫："你的教鞭下有瓦特，你的冷眼里有牛顿，你的讥笑中有爱迪生。"

批评教育的目的是为了让学生更好地发展，那么教师怎样做才能既收到教育的效果，又可以保护学生的自尊心呢？

1. 让批评远离"典型"

在现实生活中，有些教师习惯把违反纪律的学生定为"典型"，当着老师和同学的面对其进行狠狠的批评，致使被批评的学生面红耳赤、羞愧难当。也有的教师习惯把课堂上回答不出问题的学生叫起来站着听课，以示惩罚。

虽然这些教师的出发点是好的，都是希望学生接受惩罚后不再违反纪律，用心听讲，但这样做却很容易挫伤学生的自尊心，使学生产生逆反心理，影响以后教学工作的开展。

因此，教师千万不要把学生动不动就当"典型"，更不能在很多人面前"展览"他们。

2. 尽量不公开学生的错误

在现实教育教学中，有不少教师喜欢把犯错学生的姓名公开，认为这样可以让学生更深刻地认识错误，而且希望在教育该生的同时也可以教育更多的学生。殊不知，这样做会使学生的自尊心严重受挫。

犯错误的学生是个别的，学生犯的错误也可能是偶然的，聪明的教师不会公开学生的错误，他们善于保护学生的自尊。而"隐蔽性"较强的批评教育也会取得更理想的效果。

3. 切忌出言刻薄

有的教师喜欢用挖苦、刻薄等极易损伤学生自尊的话来批评学生，致使被批评的学生产生自卑心理而对教师产生仇视心理。

对学生的批评，教师可以先从学生身上的优点入手，给予及时表扬，然后再进行适当的批评；也可以间接地指出学生身上的不足，加以指导，以达到教育的目的。无论如何，切忘使用"狂风暴语"般的训斥，要使用人性化、情感化的语言。

4. 批评后要懂得抚慰

喜怒哀乐是人之常情。当学生严重违反纪律时，特别是有些学生顶撞教师时，教师往往不能很好地控制自己的情绪，说出一些过激的话。

当事情过后，教师一定要学会反思自己的行为，一旦发现自己处理事情不够妥当，就要敢于放下教师的"面子"，主动地找学生谈话，当面向学生做出诚恳的道歉，对他们进行恰当的抚慰。这样做，不但可以保护学生的自尊心，也可以消除师生之间的隔阂。否则，学生会留有余怨。而师生对立情绪不消除，以后的教育工作就会很难进行下去。

教育学家徐特立先生曾告诫过教育者："对犯错误者，要给他们以好的环境包围起来，暗示他们以很好的前途，使他们用自信和自尊去克服他们的坏处，这是最好的训育典型。"

在日常的教育教学工作中，教师要切忌"心罚"，更要把"心罚"转化成"心爱"，做到与学生平等对话，用希望的、激励的、人性化的语言拨动学生的心弦，激发学生的上进心，让学生心悦诚服地接受批评，从而使批评收到意想不到的效果。

# 三、批评要注意场合

批评是教师对学生的不恰当思想和言行给予的否定评价，以唤起他们的警觉，去努力改正其自身缺点和错误的一种常用方法。其根本目的是促进学生思想的转变，使学生真正提高觉悟，变得更有道德和教养，从而少犯错误。进行批评教育时，教师要讲究场合，不能不分场合地肆意批评。

俗话说："人有脸，树有皮。"谁不爱面子呢？学生虽然年龄不大，但他们也是人，甚至是更爱面子的人。学生犯了错，如果教师不分场合，在班里当着全体学生的面或在办公室当着很多教师的面批评学生，往往会给学生的自尊心造成极大的伤害，会让学生"抬不起头来"，或许还会因此让学生产生对立、怨恨情绪。

如果这样，即使学生知道自己错了，也会强词夺理，甚至与教师对着干。所以，教师在教育学生时要注意批评学生的场合，尽量避免当众批评学生，尽量采取单独谈话的方式，"悄悄"地将批评完成。这时，即使教师批评的语气重一些，学生也会比较容易接受，批评的效果也会好很多。

## （一）课堂问题不宜当场批评

广饶县第一实验小学教师魏红光的班上曾有这样一名后进生，他有一个不好的习惯，就是上课时嘴巴经常要不停地嚼动。

有一次，他的这一行为被数学老师误以为是上课吃零食，于是老师很生气，冲口而出："你是小猪啊，嘴里总是不停地嚼东西！"

这个学生当即恼羞成怒，和老师顶撞起来："我不是小猪！"

"你不是小猪，为什么嘴里总要嚼东西？"

"嚼东西就是小猪吗？"

......

师生大吵起来，课堂教学也无法继续下去。而同样是这样一件事，魏老师却选择了不同的处理方法。当他发现学生嘴巴嚼动后，便将目光投向了这名学生，严肃地注视了几秒钟。在老师的注视下，该学生意识到了自己的错误，停止了嚼动，而魏老师像没发生什么事一样，继续讲课。

为了让学生更深刻地认识到自己的错误，放学后，魏老师把该学生叫到了办公室，这时，办公室里其他老师都走了，只有他们师生两个人。魏老师很和蔼地请该学生坐下，并用温和的语言加以开导。

在老师信任的目光的注视下，该学生主动承认了自己的这一不良习惯，并保证以后一定改正。后来，这名学生在课堂上再没有嚼过"东西"。

还有一位学生在课堂上喜欢东张西望，还经常与周围的同学说说笑笑，不认真听课。一次，被一位老师当场点名叫了起来，批评道："上课要注意听讲，不要说话！"

这名学生马上不服气地反驳："我没说话！"

老师非常生气，心想明明看见你说话了，还不承认，一怒之下就将这名学生逐出了教室，最后还将此事告诉了班主任魏红光。

魏老师了解了事情的经过后，找时间把这名学生约到了学校一个僻静的角落，边走边和这名学生聊天，并谈到了课堂上发生的事。这名学生很快认识到了自己的错误，并诚恳地向魏老师道歉，保证以后上课认真听讲，不再说话。最后，该学生还主动向那位批评他的老师道了歉。从此，他在课堂上不再随意说话，而是认真地听课了。

同样的事情，不一样的做法，批评教育的效果就截然不同。而这里最大的不同就是批评场合的选择：一个是教师在课堂上当众批评，使用了恶劣的语言；一个是教师在课后与学生单独相处，给学生留了面子。

所以，教师在批评教育学生时要注意选择场合，给学生"台阶"下。当学生犯错时，教师首先要让自己和学生的偏激情绪平息一下，然后换个地点个别谈话，这样很容易取得预期的效果。

在课堂上偶发的问题一般都不是一贯性的，但有的教师不懂得批评的艺术，更不懂得控制情绪，发现课堂上有学生犯错误后，就抓住其小辫子大肆批评，甚至说出一些侮辱性的话，特别是对待一些后进生。这会让挨批评的学生感觉自己很没面子，很容易"恼羞成怒"，出现顶撞教师的现象。

学生很多的不良行为和错误都发生在课堂上，这时教师最好不要当面批评，而应略作暗示。即使问题比较严重，也不要在课堂上横加指责，非让学生无地自容不可。因为停课批评，一方面会浪费有限的教学时间，完不成教学任务，致使一些教师往往将这笔"账"记在学生头上，对学生产生更加不满的情绪；另一方面，学生也会因受到教师的当场批评而感到伤了自尊，从而产生对教师的不满情绪，出现逆反心理。

## （二）细小问题不当场批评

广东省佛山市三水华侨中学教师彭佳班里有一名学生经常迟到，开始几次，彭老师遇到他迟到，总是向他指指表，示意他已经迟到了。接下来这名学生就会有两天不迟到，但两天之后，他就又开始迟到了。

这天，正好是彭老师的课，这名学生又飞跑着进了教室。彭老师有些生气，但最终忍住没有发作。课后，她让这名学生帮自己把作业本拿到办公室。

路上，彭老师一边走一边开始教育学生："你总是迟到，以你迟到的记录，按学校的新规定要被停学了。但老师考虑到停学对你学习上的影响比较大，所以这次就不上报。但你老是这样违规，对班上的影响太坏，不然这样吧，我以后每天早上和中午打电话叫你起床！"

"老师，你真会给我打电话吗？"学生半信半疑地说。

彭老师坚定地说："为了你的学习，我会的！"

这名学生听后不好意思地说："老师，我知道错了。你放心吧，我以后不会再迟到了！"

从那以后，这名学生真就再没迟到过。

彭老师以"让学生拿作业本到办公室"为借口，趁机在路上对学生的迟到现象做了批评教育。这时只有师生两个人，彭老师又是一边走一边以朋友的身份指出了学生的错误，就很容易让学生感动，改正错误也就会更快、更彻底。可以看出，彭老师很注重批评场合，对迟到这种小问题，也选择了两人单独相处的场合进行批评教育，从而收到了很好的效果。

　　然而，有的教师，不管事情大小，也不管是初犯还是屡犯，只要学生犯了错，就会不分场合地批评一通。长期这样，很容易让学生对教师的批评产生无所谓的态度，以致"破罐子破摔"。有经验的教师一般都是在事发时，用神态、手势或幽默的语言等对学生作出一些暗示，然后再找一个适合的场合与学生交换看法。这样学生就容易认识错误，愿意接受教师的批评教育。

　　其实，无论哪类学生，他们都是有思想、有尊严的个体，都需要教师的关爱。特别是后进生，他们很重视周围的人对他们的看法，非常希望被发现、被理解、被尊重和被爱护，但由于他们内心的自卑感，在公众场合常会表现出截然相反的行为。这时，教师如果在班级里当众批评，就会使他们本来脆弱的自尊心受到伤害，从而产生逆反心理。

　　面对学生的错误，教师应该尽量做到不当场批评，可以选择在下课后把学生叫到另外一个安静的环境里，真诚而耐心地倾听，与学生进行心灵沟通，这样学生才会不加抵触地认识到自己的缺点和错误。如教师再进行正确的引导，学生就会逐步改正不良行为和习惯。

## （三）批评注意场合的具体方法

　　批评教育之所以要注重场合，其实说白了就是为了照顾学生的"面子"。学生由于生理和心理逐渐成熟，自尊意识逐渐增强，也会逐渐注重自己的名声和形象。如果教师在大庭广众下批评学生，就会伤害他们的自尊心。因此，教师在批评学生时应该注意场合的选择。

### 1. 尽量避免在班级里批评学生

　　在课堂上，有些学生常会做出一些消极的行为，如不认真听课、看课外读物、无精打采等，这些都会影响教师上课的情绪。此时，不管教师的情绪如何不好，都要控制住，尽量避免在课堂上公开批评学生。不过，教师可以采取一些比较温和的批评手段，如用眼神示意，或走到其跟前背对着学生用手轻轻地摸他一下，或有意提一个稍微难一点的问题让他回答，等等。总之，要尽可能不中止教学而去直接批评，避免让学生在同伴面前没面子。

在课下，如果学生犯了错误，教师也不要在班级里当众批评学生。因为这时当众批评学生，有可能引来更多学生的围观，这会让学生更没面子。

可见，在班级里批评学生，不但教育不了学生，还会带来负面影响：一是影响了正常的教学进度，损害了大多数学生接受教育的权利；二是影响了教师和学生之间的关系。

如果教师在情绪激动下批评学生，就很容易说出一些偏激的话，以致和学生发生争吵，影响教师的形象。教师如果能够注意到在大庭广众之下保护犯错误学生的自尊，就一定会赢得学生对你的敬重；如果能在课后适当地与不守规矩的学生进行沟通，也一定会取得不一样的成效。

**2. 不要在教室走廊里批评学生**

有些教师喜欢在教室走廊里批评学生，其实，走廊也不是批评学生的好场所。

在走廊里批评学生，由于时间短，教师准备不充分，常常是表面上解决了问题，其实什么问题都没解决。再者，在走廊里批评学生，也容易出现当众批评学生的弊端。最后，如果师生因为起争执而上演口舌之争，结果就会把教师自己摆在了极为尴尬的境地，欲进不能，欲退不得。

总之，在走廊里批评学生绝对不是一个明智的选择。因为它不具备教育学生的良好氛围，还是应该找一个宽松、愉悦的安静环境，这样才会收到批评教育的实效。

**3. 尽量不要在有其他教师的办公室里批评学生**

一些教师喜欢把学生叫到办公室里批评教育，学生低头站着，教师坐着。其实，这在形式上本身就体现了一种不平等。如果办公室里还有其他教师，学生被教师围在中间，你一言我一语，无形中加重了学生的心理压力，严重时可能会导致学生产生逆反心理。

因此，如果教师在办公室批评学生，最好选在其他教师不在的情况下，然后给学生一个座位，让学生坐下来。这就给了学生一份尊重，使学生的紧张心理得到舒缓，师生之间也不容易发生"顶火"现象，有利于提高批评教育的成效。

教师在批评教育学生时，也可以把批评的场合选择在校园的花园、草坪等地方。这些地方很容易营造出一种平等的氛围，能缓解学生的心理压力。这样既能保护学生的自尊心，又能收到良好的批评教育效果。教师不妨一试。

# 四、先宽容，后批评

"严是爱，松是害。"这是许多教师的口头禅。"严师出高徒"也成了许多教师的经验之谈。虽说严格管理、严格要求是班级管理的有效教育手段，但是过分的严厉，表面上会使学生慑于"高压"而屈服，实际上是口服心不服，甚至会产生逆反心理而与教师对抗。殊不知，在很多时候，教师的宽容更能让学生内心受到感化，从而收到神奇的批评教育效果。

宽容是教师对学生进行批评教育过程中的一种策略。它的前提是对学生严格要求，对错误的思想、行为坚决抵制；它的目的是使学生更有效地接受正确认识，承认和改正自身的缺点、错误。

宽容既不是放任自流，也不是取消必要的纪律处罚，而是在教育过程中的某些步骤或在某些方面作出某种程度的让步，从而有利于转变学生的思想。

苏霍姆林斯基说过："有时宽容引起的道德震动要比惩罚更强烈。"因此，教师要巧妙地运用宽容策略，不是放松对学生的要求，而是促使他们更加积极主动地改正错误。

宽容是一种信任和激励。荀子曰："遇贱而少者，则修告导宽容之义。"宽容的教育方式，不但会使学生不记恨教师，同时也留给学生改正的机会和余地。所以说，宽容会化作一种力量，激励学生自省、自律、自强。

教师以宽容之心对待学生，就会把这种智慧和美德潜移默化地传递给学生。学生学会了宽恕、包容，也就会明白"退一步海阔天空"的道理，就能正确地对待和处理同学之间的矛盾，协调同学之间的关系，更重要的是拥有了一种立足社会的基本能力。

## （一）宽容，让学生更好地认识、改正错误

清田县中学教师陈桂丽一天早上走进教室，发现学生们没有认真早读，而是七嘴八舌地议论着什么。随后她知道小明昨天下午放学忘了把书包拿回家，早上发现书包中的《教你写作文》丢了。

在学生自发的调查中，值日生芳芳昨天发现亮亮在小明的桌前走来走去，她想一定是亮亮偷走了小明的书。而亮亮此时也满脸通红，低头不语。

陈老师知道亮亮的父亲脾气暴躁，经常打亮亮，还有偷盗的行为。"是亮亮拿了书吗？"她想。但考虑到亮亮的自尊心非常强，所以她郑重地对学生们说："在事情没有弄清楚前，谁也不可以怀疑班中的任何一位同学。"

下课后，陈老师将亮亮叫到学校的一个僻静处，问道："是你借了小明的作文书，对吗？"

亮亮低着头说："我作文差，爸爸也不给我钱买，所以……"

陈老师了解了事情的真相后，并没有对亮亮严加批评。毕竟亮亮是因为想提高作文成绩，才拿了小明的书。陈老师对亮亮的行为给予了极大的宽容，帮亮亮还回了作文书，并要求小明不要声张此事。亮亮最后也在私底下向小明承认了错误。

陈老师就这样以宽容的方式平息了一场风波。


宽容学生，并不是一件容易做到的事情，它从更高的精神境界上规范了教师的言行，对教师提出了更高的要求。教师只有不断加强自身修养，才能适时对学生施以宽容。

宽容是一种仁慈和关爱。身为人师，热爱学生是教师的天职，是教育学生的前提和基础。教育学生，没有任何方式比真正的关爱所带来的愉快、融洽和相互理解更为有效了。

如果一个学生被认定不可救药，就会一步步走向更糟糕的境地。同学看不起、老师看不上的学生最容易自暴自弃。如果一个学生被教师认为是块璞玉浑金，缺的只是雕琢而已，那么尽管他身上有些小错误，也会更加自律、自束、自策，最终会变成一块璧玉。这在教育实践中不乏实例。

教育心理学表明，宽容、理解可以给人以友善，给人以安慰，给人以心理平衡。教师对学生诚挚热爱的情感，能够感染学生，乃至转化为学生的心理动力，影响其品德的形成和个性的发展。"十年树木，百年树人。"教师应该用心去教育学生，用一颗宽容之心去爱护、尊重、理解每一个学生。

## （二）宽容，给学生进步的机会

中学教师王永梅班上有一位男生，小学时成绩在班上名列前茅，但进入中学后却没有调整好状态，始终抱着消极的心态，学习成绩相当差。渐渐地，他自己也变得灰心丧气了。

王老师发现后，就用宽容加激励的方法，对他进行耐心的辅导。在学习上，他的成绩时好时坏，不交作业、出现很多错题的情况时有发生。但王老师始终没有放弃他，哪怕他有一点小进步，也及时对他进行表扬，还经常在他的作业本上批注鼓励性的话语。

一段时间以后，他的自信心增强了，成绩也慢慢地提高了。

学生基础知识的积淀不是朝夕之事，要提高也不是一日之功。优秀的教师总是在与学生共同生活的过程中给予学生深切的期待。这种期待是一种发自教师内心的真正的宽容。

真正的宽容没有"恨铁不成钢"的焦虑；没有"拔苗助长"的虚伪；没有对学生的错误耿耿于怀的刻薄；没有粉饰美化学生的矫情，而是以一种平和的教育智慧谅解学生目前的落后，用发展的眼光期待学生日后的优秀。

正是在这种期待中，学生才不断地积累着知识、情感和方法，感受着学习、生活中的智慧、关爱、激励和赏识，在不断的碰撞、跌倒、爬起中，再碰撞、再跌倒、再爬起，直至独立前行。

因此，教师要采取宽容的态度，利用学生自己也很想提高的自我实现心理，对他们因为基础差或用心不够而出现的错误耐心做心理辅导和方法辅导。教师如果不能做到宽容，而是一味指责，则很可能会事与愿违。

由于学生自控能力不够，他们的自我矫正必然需要一个长期的过程。对此教师要有足够的思想准备，不能期望立竿见影。反复是必然的，进度缓慢也是必然的，但终会进步的。

## （三）先宽容，后批评的具体方法

面对学生的错误和不足，教师的宽容比惩罚更能够打动学生。那么，教师怎样才能做到先宽容，后批评呢？

### 1. 要了解学生的年龄特征和个性特点

在学生犯错时，教师应该理解学生，宽容学生，让其进行自我调节。同时，教师也可以根据这一阶段学生的年龄特点和个性特征找到解决问题的方法。

如果一个学生在某一堂课上有乱讲话行为，教师不能不作了解就进行批评，而应在了解情况的前提下，针对学生的个性特征，想好批评教育的场所、批评的语言。要尽量做到尊重学生、不伤及学生自尊心，以理服人，让学生在接受教育的同时，也能感受到教师的爱与关注。

### 2. 尽量了解清楚每个学生的情况

学生的家庭情况（父母的工作、父母的感情、父母对子女教育的情况、学生家离学校的远近等）、学生在各学习阶段的表现情况、学生的身体情况、学生的行为习惯情况、学生的特长和不足、学生在班上有哪些以前的同班同学，作为教师，这些都应该了解清楚。

弄清学生这些基本情况，有利于教师对学生的思想、学习、生活等方面有比较全面的了解，应对学生可能出现的问题，并为可能产生的后果寻求对策。

比如，有的学生因为家长经常打骂训斥，便缺乏自尊自信；有的家长忙于生计和工作，疏于管教，学生就会养成上网、抽烟的坏习惯等。学生出现问题的多样性要求教师必须做出调查研究，从而找到矫正的方法。

### 3. 要允许学生在改正过程中出现反复

"冰冻三尺，非一日之寒"，任何人都不可能一下子改掉自己的缺点。对学生的行为矫正是一个循序渐进的过程。在教育过程中，教师要允许学生出现反复。

学生的恶习是长期积留的结果，不可能通过教师几次谈话、家访或批评，就收到立竿见影的效果。对转化工作的长期性和困难估计不足，当学生再次出现问题时，教师就会失去耐心，继而用一些过激的言语打击学生的信心，使原本的努力付诸东流。

在教育学生时，教师一定要有"反复"的思想准备，要冷静分析，从容对待，不急不躁，坚持教育。不能因学生的"反复"而动摇信心，失去宽容。

教师要多与学生接触，在接触中更进一步了解学生，也让学生了解自己，力求使师生互相了解，互相信任。这就要求教师在宽容中培养学生的团结观、集体观和价值观，力求让每一个学生都能从中形成良好的行为习惯，从而逐渐改掉他们的恶习，促使他们在学习、生活中能够健康快乐地成长。

# 五、表扬要适度

　　尝有门生两人，初放外任，同谒老师者。老师谓："今世直道不行，逢人送顶高帽子，斯可矣。"其一曰："老师之言不谬，今之世不喜高帽如老师者，有几人哉？"老师大喜。既出，顾同谒者曰："高帽已送出一顶矣。"

　　这是明代李诩《戒庵漫笔》中的一则小故事。通过这则故事，我们不难看出，没有人不喜欢听好话，尤其是成长过程中的学生，更需要教师的赏识和夸奖。

　　一句小小的表扬，可以帮助学生建立自信心，甚至会对学生的一生产生巨大的影响。因此，作为教师，我们不应该吝啬自己的表扬，要以欣赏的眼光去看待学生，善于发现学生的点滴进步，并及时给予肯定评价。

　　表扬可以使学生饱尝成功的喜悦，发掘他们的学习潜力并促进他们各方面的良性循环，从而健康、快乐地学习和成长。但表扬也会产生副作用。教师表扬学生的方式不当，不仅起不到激励作用，还会对学生的心理造成伤害，给学生的成长带来不利影响。

　　学校是一个集体场合，不管年龄多小的学生都有自尊心，因此教师对后进生应该当众表扬，而对好学生应多私下表扬。

　　当众表扬后进生，能激发他们的自信心，让他们感到自己并没有被教师冷落、遗忘，而好学生受到教师的称赞会更加努力学习。

　　但是，教师应清醒地认识到，在教学过程中，大多数情况下，对学生的表扬应由多到少、由密到疏，让学生慢慢不再依赖表扬。换句话说，表扬学生要把握好度，言过其实会使表扬产生副作用。

## （一）言过其实不利于培养学生持久的学习兴趣

### 案例一

江苏省某小学教师林佳在反思新教育教学课程改革时曾写道：

课堂上，一位学生回答了一个很简单的问题后，教师说："讲得真好，值得表扬！"其余学生马上就会"啪啪"地鼓起掌来。当然，另一个学生回答了一个问题，也得到了同样的"殊荣"。

于是，一节课上，表扬不断，掌声此起彼伏。

新课程是提倡激励性评价，因此现在的课堂上，经常能听到"你真棒"之类的赞扬，经常能听到"啪啪"的掌声。回答得好的学生额头上有的甚至能贴上几颗金星，回答得不好的学生也能意外地得到教师翘起的大拇指。

这种廉价的表扬不但不能起到真正的激励作用，相反会助长浮躁的学风。有的教师还误认为，批评就是否定，就会刺激学生，影响学生的上进心，因而对课上的一些不良行为也视而不见，名曰"保护学生的积极性，从而培养学生的学习兴趣"。

但以上种种，却给学生的全面成长带来了不可忽视的消极影响。

### 案例二

山西省小博士小学教师张琴在教学"20以内加法"时，出示：8＋7＝？

一个学生站起来回答："14。"全班哄堂大笑。

此时，张老师却用严肃的目光看了一下大家，示意大家不许笑。然后，用和气的口吻对这个学生说："不错嘛，离正确答案只差一点点！"并安慰他坐下来再想一想。

这个学生虽然失败了，但并没有因失败而感到沮丧，他又抬起头来认真听讲，继续发言。

张老师以无声的语言——目光暗示，有效地遏止了班上的"讥笑"，又用心灵的关怀让学生体面地坐下来，保护了他脆弱的心灵。

张老师认为："对于学生创造性的回答一定要肯定和鼓励。对学生错误的回答，我们既要指出不足，也要抓住可取之处给予鼓励。只有在客观的基础上，坚持鼓励为主的原则，才是富有魅力的有价值的评价，才能有效地培养学生的学习兴趣。"

　　有不少教师认为，传统教育似乎总是一味地批评、指责、否定学生，使学生缺乏自信心。因此，在新课程改革中，"一切为了每一位学生的发展"这个新课程的核心理念，要求教师要特别珍视学生随时闪现的智慧火花，用多种方式对学生的言行进行鼓励。

　　然而，一个时期后，很多教师发现学生对于老师的表扬由最初的开心变得无动于衷了，对教师的"好""很好""不错"也不在乎了。学生的积极性消失了，刚萌发的自信心稍纵即逝了……这一切也让教师困惑了：难道是表扬出了错？

　　过多外在的奖励并不利于培养学生内在的持久的学习兴趣。在案例一中，教师的赞赏实在是太多太滥了。这样的鼓励已失去了它应有的价值和意义。学生在此起彼伏的掌声中会渐渐退去应有的喜悦，长期下去，只能带给他们更多的"迷失"。

## （二）言过其实不利于学生良好性格的养成

　　江苏省金坛市汤庄中心小学教师朱小燕在《教师对学生廉价的表扬也是一种伤害》一书中指出：现在教学中存在着一些"怪"现象，如学生的数学作业有时 10 道题错了 3 道，教师还给打个优秀；语文词语抄写明明字迹潦草、歪歪扭扭，可教师同样予以表扬；一篇不到 200 字的作文，标点不全、词不达意、文不对题，教师通常也给打个 80 分，如果作文稍微有点质量，学生便能轻而易举拿个 98 分，甚至 100 分；学生口头承认了错误，教师马上大赞其知错能改，是大家学习的榜样；学生拾到块橡皮，教师便称其为"活雷锋"……

　　在书中朱老师还指出：作为教师的她，完全能理解教师的用心良苦。但是，这样下去，事实往往会偏离我们预期的效果。学生的成长固然离不开教师的激发鼓励，对学生的表扬也必不可少。但是，表扬也要把握"度"。

以前对于学生，教师相当吝啬自己的微笑和表扬。现在的新课程改革提倡教师尊重、欣赏学生，激发、鼓励学生，于是我们又听到了不绝于耳的表扬之声。朱老师并不反对表扬，但过多过滥的表扬，甚至是不切实际的表扬，则会失去表扬应有的激励效果，使得学生对这种廉价表扬逐渐麻木，忘记了自己的缺点，不知不觉中使每位学生都在内心滋生一种无比的优越感。一旦这种感觉和事实相矛盾，便会对学生造成很大的伤害，反而不利于学生的健康发展。

朱老师在书中还给我们举了这样一个例子：有位教师辅导一个叫佳佳的学生学习电子琴，可佳佳并没有多大兴趣。为了激发佳佳学电子琴的热情，每当听完佳佳弹电子琴后，教师总会夸她是一个电子琴演奏天才。

教师的表扬让佳佳感到飘飘然，有几次，佳佳隔了许久没有练习电子琴，可教师听后还是照样夸她。在这种情况下，佳佳就越来越觉得自己是一个电子琴演奏天才了。

有一次，学校要选拔一些同学去参加全县的中小学生艺术节。自认为很有天分的佳佳第一个报了名。可结果却是：佳佳非但没有获得参赛的资格，而且是参加初选的学生中得分最低的。经此打击后，佳佳再也不愿意学电子琴了。

佳佳对于电子琴兴趣的丧失，源于其辅导老师的"捧杀"：教师言过其实的表扬只是让她看到自己在学习电子琴方面的天赋，却没有从根本上激起她学习电子琴的兴趣和热情。所以，当这种不切实际的"表扬"被事实揭穿后，受到伤害的就只能是被过分赞扬蒙住双眼的学生。

有些教师喜欢随口表扬学生，把表扬当成关心学生的表现。这种行为并不妥当。无节制的廉价表扬只会使学生对自己产生错误的认知，认为自己比身边的人强，滋生骄傲、自满的情绪，导致缺少耐挫力。

有的教师，总是以发现者的眼光去看学生身上发生的细微变化，并且总是以一种惊喜的口吻对学生身上的闪光点进行表扬或夸赞，致使聆听表扬成了学生每日生活中必不可少的内容。学生在过度的表扬下，慢慢养成了对表扬的过度依赖心理和过强的自尊意识，所以一旦受到批评或不再经常受到表扬，就变得极不适应，以致在正常的学习和生活中，遇到了本不该成为问题的问题。

## （三）表扬要把握度的具体方法

言过其实的表扬不但在教学中起不到任何促进学生学习的作用，还会给学生的成长带来许多负面影响。那么，教师怎样才能避免自己在教学活动中对学生的过度表扬呢？

### 1. 忌夸张，宜恰当

本着一种实事求是的态度，对学生的进步和闪光点进行务实求真的肯定和赞赏，不应为了鼓励学生的信心和勇气而进行"善意的欺骗"。那样往往会弄巧成拙，伤害学生脆弱的心灵，削弱学生的上进心。

另外教师不要轻易表扬学生，更不能言过其实。否则学生会感到这是故意表扬，进而产生反感情绪。即使对品学兼优的学生，教师的表扬也要慎重。有的学生会因受表扬太多而心中不安；有的为了避免听到诸如"老师就对他好"这样的闲话，也不希望受到过多的表扬。

### 2. 忌过度，宜适量

大多数教师都能认识到表扬在学生成长过程中的作用，也越来越多地将表扬这一手段运用到教育的各个方面。有的教师甚至将表扬当做"万金油"，以表扬替代其他所有教育手段。这种做法是极其有害的。

适量的表扬对学生良好品质的形成有着积极的作用，而过度的表扬或言过其实则往往于事无补，很容易使学生对表扬产生过分的依赖心理，久而久之，就会使学生失去明辨是非的能力。

表扬的真正目的是让学生确立自强、自律、自信的信念，使学生在不受表扬的时候，同样拥有成就感和自我满足感，也就是人们常说的"表扬的目的是为了不表扬"。因此，表扬宜适量，切忌过度。

### 3. 防止表扬中的"晕轮效应"

"晕轮效应"是指对某人产生了好的印象，就认为他一切全好。例如，有的教师在表扬时，往往只偏重于学习好的学生，把他们说得毫无缺点。这样很容易使他们产生盲目的优越感，满足现状，而且变得对表扬满不在乎。而备受冷落的后进生则可能丧失前进的热情和信心。

客观、公正、有度地表扬学生，是融洽教师与学生之间关系的润滑剂，是促进教育活动顺利进行的有效途径。

# 六、赞美要发自内心

　　每个人都需要赞美，都渴望赞美。处于成长中的学生更需要赞美和鼓励，特别是来自教师的赞美。因此，作为教师，我们要善于运用赞美的语言来激励学生积极向上，激发他们的学习兴趣和求知欲，从而让他们快乐健康地成长。

　　但赞美学生也需要讲究艺术，否则会造成负面效应。教师的赞美要发自内心，要真诚地赞美学生。那么，什么是真诚？"真"就是要从内心对学生的长处给予肯定，语言适度，不夸大、恰如其分；"诚"是真诚面对学生，让学生真正地从内心认为教师的话是实在的。一位哲人说过："只有真实的赞美才能最打动人的心灵。"因此，不管在什么时候，什么地方赞美学生，教师都应该注意态度，要实事求是。

　　不要单纯地对学生说"你真棒""你是个好学生"之类的话，因为这会让学生觉得自己各方面都已做得很好了，而这往往是不符合实际的。赞美是为了巩固、增强学生的良好行为，所以教师必须特别强调学生哪些是使自己满意的具体行为，哪些方面还需要继续努力。教师的赞美越具体，学生对那些好的行为就越清楚，发展这些行为的动力就越大。

　　有些教师不注意赞美方式，常常是赞美语满堂飞。比如，总对学生说"你极有天赋""你非常聪明"等。刚开始，学生听着还挺美的，可接下来发现教师对任何学生都是这样的评价，于是这样的赞美语再无法激起学生心湖的半点涟漪。这样的赞美太廉价了，毫无原则，在学生看来是虚伪的，所以也就毫无意义，甚至会造成负面影响，挫伤学生学习的积极性。

　　由此可见，赞美和批评一样，如何赞美，赞美什么，都要有一个尺度。对学生大肆夸奖的教师，也许内心里是想通过赞美来激励学生，但很显然，这些教师还没有弄清楚赞美的尺度和方法。

积极的、有效的赞美一定是在了解了对方优点的基础上，发自内心的真诚的赞美。只有这样的赞美才能夸在"点子"上，才能让学生感受到被赞美的快乐，才能真正达到赞美的教育目的。因此，教师在赞美学生时，一定要恰如其分，用最能拨动学生心弦的赞美语来表达自己的欣赏，从而达到激励的目的。

## （一）赞美是动力

绵阳市先锋路小学教师王礼勇的班里，有一位名叫小志的学生。这名学生的学习成绩很差，每天懒懒散散，不喜欢听课。

有一次，王老师在上课的时候，发现小志正低着头认真地写什么东西。于是，他悄悄地走到了小志的后面，结果发现小志正在画画，而且画得还不错。

看到这种情形，王老师很生气，他刚想要发火训斥小志为什么不好好听课。但转念一想，自己为什么不换一种教育方式呢？于是，他轻轻地拿起了小志的画。

看到老师突然站在自己面前，小志一时有些惊慌失措，低着头等着挨训。但出乎小志意料的是，王老师并没有批评他，而是真诚地赞美道："你画得很不错！但你知道吗？美术中所讲究的比例、大小的变化都与数学有关，为了将来你能成为美术大师，我们今天也要好好地学习数学啊！"

接着，王老师拿着小志的画让全班学生欣赏："同学们，来欣赏一下小志同学的作品，非常不错！"

"是啊，画得真的挺好！"学生们都惊叹道。

听着老师和同学们的赞扬，小志一脸兴奋，同时也暗下决心要好好学习数学。从此，小志上课变得认真听讲了，而且越来越有自信，成绩也直线上升。

这就是赞美对一个后进生的影响。试想，如果王老师看到小志画画就大发雷霆，训斥他一番，结果会怎样呢？可以想象那一定没有任何教育作用。因为后进生已经习惯了挨训。教师的批评就像耳旁风，听过就完了。而王老师在这里却运用了赞美的艺术，通过赞美，让小志看到了自己未来的希望，同时也促使他产生了学习的动力。所以，教师所认为的后进生的缺点，可能正是教师需要加以赞美的内容，正是教师引导学生走上成功之路的捷径。

教师的赞美犹如一缕春风，带给了后进生一种自信、一股源源不断的动力，激发出他们学习的兴趣。当教师发现了后进生身上的潜质和优点后，要不失时机地、诚心诚意地给予赞美和鼓励，以激发他们进步的动力。

在教学中，有些教师对学生也常用赞美的教育方式，并且是发自内心的赞美，但他们赞美的对象只是班里那几个学习优秀的尖子生，而不是将赞美洒向每个学生。其实，较之优等生，后进生更需要教师真诚的赞美和鼓励。因为后进生长期受歧视、遭冷落，对外界极敏感，对他人心存戒备，看起来好像缺乏自尊心，实际上他们的内心深处极其渴望教师的理解、信任，十分在乎教师对他们的评价。因此，教师要多赞美这些后进生，以激发他们进步的动力。

## （二）赞美可营造和谐的教学氛围

一次，江苏省江都市实验小学优秀班主任苏必华去上课，走进教室后，苏老师环视了一下全班同学，发现同学们已做好了准备工作。

苏老师心里不禁升起对学生的赞许之情，而且并没有只将赞许放在心里，而是用真诚的语言表达了出来："上课铃响后，每位同学都能自觉地静等老师上课，这反映你们的学习态度是非常端正的，对老师十分敬重，这也进一步说明我们的集体是名副其实的'文明班集体'！"

苏老师的话音一落，班里立刻响起了热烈的掌声。听到老师的赞扬，学生们一个个都很激动。

"同学们为什么这么激动呢？呵呵！"苏老师笑着问道。学生们纷纷举手，苏老师随意点了一名学生回答。

那名学生站起来激动地说："因为老师对我们良好的行为习惯进行了赞美，这是对我们真诚的鼓励和鞭策，我们当然打心眼里高兴。我们会更加努力，做得更好！"

"说得非常好。赞美是一种进步的动力，它不仅是对别人的鼓励和鞭策，也是对自己的鼓励和鞭策，同学们要学会去赞美别人。但赞美时一定要记住，必须是发自真心的，这样才能让别人感到被赞美的乐趣。好，现在咱们来上课。"苏老师再次赞美了学生，并转身写下课题。接下来，苏老师开始正式讲课。

在讲课过程中，她对学生的表现同样予以了真诚的赞美，使得课堂气氛热烈而有序。学生们表现积极，踊跃思考和回答问题，教学效果非常好。

一进教室，苏老师就对学生们予以了表扬。当然，她并不是随意表扬学生，而是学生的表现确实值得赞扬。上课准备良好，坐得笔直、精神集中，这些都是值得教师赞许的地方。作为教师就应该发自真心地去赞美学生，让他们知道自己这样做是正确的。

因此，当苏老师真心赞美学生的良好行为后，学生们很激动，学习起来也劲头十足，从而营造了一种和谐的教学氛围。

## （三）真诚赞美的具体方法

从上面的案例中，我们可以看出，真诚赞美学生对提高教师的教学质量和水平有很大的帮助。那么，教师怎样才能做到发自内心地赞美学生，提高赞美语言的艺术性呢？

### 1. 真心热爱学生

赞美的基础是对学生理智的爱和对学生人格的尊重。教师只有发自真心地去爱学生，才能由衷地赞美学生，让学生真心地感受到来自教师发自内心的爱，从而体验到被尊重，被肯定的快乐。

"爱"是一种很重要的教育因素，可以说是事关教育成败的心理基础。爱护品学兼优的学生，很多教师都做得到，但真正的爱护学生，不是只爱优生，更多的是给予全班每一个学生均等的爱，公平对待每一个学生，特别是后进生和成绩一般的普通生。

在教育实践中，有些教师经常是好学生好对待，差学生差对待。其实，当"爱"过剩时，就会大大贬值。优等生会对表扬与赞美麻木不仁，认为一切都是理所当然的，导致承受挫折能力差，变得非常脆弱。而后进生往往会因为教师一句真心的赞美而奋力学习，努力向上。

教师要想提高自己赞美的语言艺术，就必须真心地热爱每一个学生，这样才能发自内心地去赞美他们。

**2. 要了解每一个学生的特点**

既然是真心赞美学生，就要赞美到点子上，这样的赞美才会使学生心悦诚服。

真心赞美的前提是了解学生的个性特点。因为每个学生的性格、学识、经验和优点不同，教师要想让赞赏达到最佳效果，就必须了解并抓住学生的特点，让赞美恰到好处，更具有针对性和实用性。

对于外向型的学生，教师可多用热情的具有鼓励性的赞美；对于内向型的学生，教师可以用简短的赞美语，并配以赞许的目光；对于后进生，教师应多采用直接赞美；对于优生，教师应多采用含蓄赞美；对于性格多疑的学生，教师应多采用间接赞美；对于信心不足的学生，教师应多采用归因赞美。

对不同的学生采用不同的赞美语，才会让学生觉得教师不是在刻意敷衍自己，而是发自真心的赞美。这样学生才会感到喜悦，才会全面地审视自己，才会意识到自己也有不足，同时，也能接受别人的意见，产生逐渐完善自己的愿望，从而发挥内在的潜能。

**3. 赞美语言要"多姿多彩"**

教师的赞美语言不能太单一，太老套。左一个"你真棒"，右一个"你真行"，学生听久后肯定会感到腻烦。反之，赞美语言灵活多样、千变万化，学生就会想听、爱听，百听不厌。

如表扬学生的行为，教师可说"你朗诵得很流利""你帮老师找到了解决问题的新途径"等；表扬学生的精神，可说"你有科学家一样严谨的态度""很有创新精神"等；对学生提出希望时，可说"我相信你能行""我知道你会成功的"，等等。赞美学生的方法多种多样，但只有富于变化，明确而富有激励性的语言，才能让学生耳目常新、喜闻乐见。

教师要在了解、信任、欣赏学生的基础上对学生予以赞美，并且是发自真心的。这样才会使学生的心灵受到触动，感到愉悦，并产生进步的动力。真心的赞美不仅可以面对单个学生，还可以面向全班学生，从而营造一种和谐的教学氛围，让学生在良好的课堂氛围中快乐地学习、信心十足地成长。

# 七、赞美要起到引导作用

赞美是对人的思想行为作出积极肯定的评价。它是教师教学实践中一种常见的教育方法，对促进学生健康心理的发展、良好道德品质的形成具有积极的作用。

心理学家赫洛克曾做过一个实验：他把 106 名四五年级的学生分成 4 个组，各组学生的能力相当，在 4 种不同的情况下进行难度相等的加法练习，每天 15 分钟，共练习 5 天。

第一组单独练习，不给任何评定，而且与其他三个组学生隔离。其他三组在一起练习，并被分成受赞美组、受批评组和旁观组。每次练习之后，不管成绩如何，受赞美组始终受到表扬和鼓励，受批评组总是受到批评和指责，而对旁观组则不给予任何评定，只让他们观察其他两组学生受到赞美或批评的情况。

结果从练习的平均成绩来看，后三个组的成绩都优于第一组，而成绩最好的是受赞美组，其次是受批评组，再次是受旁观组。这是因为第一组未受到任何信息作用，而旁观组虽然未受到直接的评定，但它与受赞美组和受批评组在一起，得到了间接的反馈，不过因为动机的唤醒程度较低，因此平均成绩劣于受批评组。受赞扬组的成绩优于其他组，而且一直呈不断上升的态势。

从实验的结果我们可以看出，教师对学生学习程度的不同反馈，会直接影响学生的后续学习。首先，没有反馈的学习，效果最差，因为没有反馈的学习是盲目的。这要求教师对于学生的学习一定要及时进行反馈，哪怕这一反馈是否定的，都会对学生的学习起到一定的促进作用。可见，比批评更可怕的是放弃，教师对学生不闻不问的伤害是最大的。

其次，在赞美、批评和旁观三种反馈方式中，赞美的效果是最好的。这就给教师一个启示：在教育教学中不要吝啬自己的表扬和鼓励。对于学生来说，教师的表扬和鼓励，就像"润物细无声"的春雨一样能很好地滋润学生的心田，使这片心田结出累累硕果。

## （一）用赞美引导学生完善自我、奋发向上

湖北省恩施市实验小学教师龚永菊遇到过一位特殊的学生，他的成绩很差，并且还经常违反学校纪律，以前的老师都对他进行过多次教育，但他却依旧没有任何变化。

龚老师接任这个班的班主任后，开始对他进行教育引导。与以前老师不同的是，龚老师除了进行个别谈话、作业本留言外，还在班级上经常对其进行适当的赞美。

每当他表现出一点进步，龚老师都会及时肯定，给予鼓励，并且有意识地为他创造表现的机会。经过一年多的耐心教育，这位学生开始上课认真听讲、按时完成作业了，并且有什么不懂的问题也主动向老师和同学请教。在期末考试中，他的成绩得到了明显的提高。

在日常生活中，他也开始关心班集体，主动参加了学校运动会，为班级争取了荣誉。正是龚老师的赞美让他发现了自己的"闪光点"，使他树立了自信心，最终成为一名优秀的学生。

英国前首相丘吉尔曾说过："你想要一个人有什么优点，你就怎么去赞美他吧！"在教学过程中，赞美是对学生行为的肯定和心理上的正面强化。赞美的方法运用得当，会激发学生的向善意识。

但赞美不能光是说好话。把赞美理解成只是讲几句好话，实际上是对赞美的误解。笼统、抽象、空洞的赞美之词只会使学生懵懵懂懂，不知所云，弄不清楚自己好在哪里，聪明在哪里，不仅起不到激励作用，还容易助长学生盲目自大的自负心理，甚至影响到学生对事物的正确判断和分辨。

课堂上言过其实的赞美，也许可以暂时活跃课堂气氛，但对学生健全人格的培养则会贻害无穷。因此，赞美一定要反映出教师的预期目的，具有针对性和引导性，这样才能使学生得到应有的帮助。

由于学生的生活经验普遍比较缺乏，知识、心理、行为的稳定性较差，对生活中是非、善恶、对错现象的识别能力也不强。对此，教师具体的赞美还要起到帮助学生分辨是非、善恶、对错的作用。

例如，"帮助同学是一种美德""作业按时完成是爱学习的好习惯"等赞美之词，能使学生明确"美德""好习惯"等的概念，对强化学生正确的思想和行为具有极大的促进作用。

赞美往往是一种重要的引导信号。对学生中出现的一些稍纵即逝的现象进行适时的引导，借用这些小事中蕴涵的美好品质加以赞美，是对学生思想认识的一次提升。

## （二）用赞美让榜样作用更突出

合肥市实验学校的班主任杨华，他把教室里面的一面墙粉刷得白白的，作为全班"优秀学生"的光荣榜。师生共同约定只要班级成员在某方面有突出的表现，就可以在这面墙的光荣榜上留下自己红红的手掌印。比如，运动会上为班级赢得了荣誉的学生，学期里取得了较大进步的学生，助人为乐的好学生，等等。并且，每一位留下手掌印的学生，还要在手掌印中留下自己的名字，并记录上时间、原因等。当班里每一位学生都在这面光荣榜上留下自己的手掌印时，全班师生在这面墙前合影留念，然后就把这面墙粉刷掉，再进行下一轮的留掌印活动。

在这个过程中，每一位留下手掌印的同学都是在某一方面出类拔萃的，也就是说是值得赞美的，也就是班级里同学值得学习的榜样。

杨老师通过这种方式，既让每一位学生体会到了成功的喜悦，又为班级学生树立了榜样，真正做到了"以赞美树立榜样，以榜样指引他人"。

好多学校都是通过张贴名人的画像为学生树立学习的榜样。但这种榜样对学生来说，所能起到的激励作用是有限的，因为这些名人毕竟离学生太遥远。而用身边的同学做榜样进行教育是最简单、最有效的激励学生的方法。

教师对学生的出色表现给予褒奖和宣传，例如，"你为班级增添了荣誉，是同学们的学习榜样""你的行为值得大家学习"等。这些赞美的语言不仅会使学生受到鼓舞，其他同学也会受到明显的情绪感染，并且将他们确立为自己的学习榜样。

很多时候，无声的赞美也是一种艺术，但这一艺术必须建立在善于赞美的基础上。如案例中的杨华老师，他不仅深深懂得赞美的作用，更懂得榜样的作用。因此，教师要有一双善于发现的眼睛，做一个教育的有心人，时刻注意学生、留心学生、发现学生的亮点，让赞美随时绽放出绚丽的花朵，鼓舞学生前进。

不是聪明的学生常受赞美，而是赞美会使学生更聪明。运用好赞美的艺术，在班集体中为学生树立一个个鲜活的榜样，会对全体学生的学习有很好的引导作用。

## （三）让赞美起引导作用的具体方法

赞美不仅仅要为受到表扬的学生带来前进的动力，同时也要起到引导其他学生共同进步的激励效果。那么，教师怎样的赞美才能起到好的引导效果呢？

### 1. 及时赞美，让出色更上一层楼

教师在课堂教学中要做一个美的发现者，要善于在平凡中捕捉细微的不平凡之处，恰当地用赞美为学生"加油"。

当学生的发言与众不同时，教师可以赞叹地说："你能从不同的角度思考问题，可见你是个肯动脑筋，爱思考的学生！"这样的表扬会让学生知道自己哪些方面做得优秀，从而及时地引导他把这个优势继续发扬光大。

若是学生的问题出现错误，教师也不要给他难堪，试着以客观的评价话语鼓励他，并从侧面加以赞美引导。如"虽然你说的话题不在我们讨论的范围内，但你能大胆地表达你的看法，可见你很有勇气！"这样，在赞美中提出意见，就可以为学生指出改进的方向。

### 2. 应表明所期望的效果，让赞美具有引导性

让学生明确知道究竟哪种行为能够受到赞美，他们才会努力朝着这一方向前进。教师的赞美越具体直观，学生就越容易理解，引导、激励作用也就

越大。学生也愿意重复这一行为，甚至在无形中使其成为奋斗的目标。

### 3. 准确的赞美，才能做出正确的引导

由于认识的偏差，有些教师对学生的赞美把握不够准确，因而失去了引导意义，致使学生迷失了前进的方向。

比如，某学生高烧不退，仍然坚持到校上课。如果教师对这一行为大加赞美，并引导其他学生学习，就会产生错误的模仿行为。此时，最好的做法就是积极劝说学生先去医院治疗，因为高烧对学生的身体和学习都是极为不利的。

因此，教师的赞美要有准确性，所树立的"榜样"要是积极意义上的榜样，以免对学生产生误导。

### 4. 含蓄地赞美

赞美在很多场合应该大张旗鼓，才可以发挥出它的功效。但有些时候，注重赞美的含蓄性也不失为一种积极的策略。比如，当教师要求的某件事，班上大部分同学都做得很好，只有少部分做得较差时，较合理的做法是应该请做得好的那部分学生先站立一下。这样做，对受赞美的学生来说，一切尽在不言中；而做得差的学生会"心有所动"而又不至于过分难堪。

### 5. 注重赞美的多层性和多面性

赞美的"多层性"，是将赞美贯穿于学生"较好—更好—很好—优秀"的成长历程。赞美的"多面性"是从多个角度反映赞美对象的闪光点。

在班集体生活中，教师要特别注意运用好赞美的多层性和多面性的特点，让引导变得更丰富，使每一次赞美都有效地激励学生前进。

我们常说榜样的力量是无穷的。学生的许多学习都是从观察、模仿别人开始的。如果他们目前还缺少成功的体验，那么他们也可以从他人的成功中获得走向成功的动力。因此，教师在赞美学生的同时，也要为他们树立成功的榜样，并努力让榜样帮助他们树立信心，激发他们的学习动力。

**《名师工程》系列丛书**

# 征 稿 启 事

　　《名师工程》系列丛书是西南师范大学出版社策划、组织出版的大型系列教育丛书。丛书以新课程下的新教学为背景，以促进施教者的教育能力为落脚点，以提高教育质量、提升教师水平为宗旨。

　　丛书首批推出的"名师讲述""教学提升""教学新突破""高中新课程""教师成长""大师讲坛""教育细节"等系列，共50余个品种，其余系列也将陆续出版。为了让广大教师有一个交流、借鉴的机会，同时也为了给广大教师提供更多、更好的图书，《名师工程》系列丛书编辑出版委员会特向全国教育工作者征集稿件。

**稿件要求：**

1.主题鲜明、新颖，有独创性。

2.主题以提升教育能力为主，也可适当外延。

3.主题要有一定规模、有典型案例支撑。

4.案例要贴近教育实际，操作性强。

5.文章、书稿结构清晰，语言精彩。

　　书稿作者在选题确定之后，请及时与我们做好沟通，具体事宜确定好之后再进行创作；也欢迎用已经完稿的稿件投稿。一线教师如希望参与图书案例的创作，可联系我社策划机构，由策划机构备案，在适合的图书中参与创作。

　　真诚欢迎各位教师踊跃投稿。

**联系方式：**

西南师范大学出版社高教分社

电话：023-68254356　　　　E-mail：zcj@swu.cn

西南师范大学出版社高教分社北京策划部

电话：010-68403096

E-mail：guodejun1973@163.com

# 西南师范大学出版社
# 《名师工程》系列丛书目录

| 系列 | 序号 | 书　　名 | 主编 | 定价 |
|---|---|---|---|---|
| 名师讲述系列 | 1 | 《施教先施爱<br>——名师讲述班主任的核心教导力》 | 杨连山<br>魏永田 | 30.00 |
| | 2 | 《在欢乐中成长<br>——名师讲述最具活力的课堂愉快教学》 | 王斌兴 | 30.00 |
| | 3 | 《让学生做自己的老师<br>——名师讲述如何提升学生自主学习能力》 | 徐学福<br>房　慧 | 30.00 |
| | 4 | 《引领学生高效学习<br>——名师讲述如何提高学生课堂学习效率》 | 刘世斌 | 30.00 |
| | 5 | 《教育从心灵开始<br>——名师讲述最能感动学生的心灵教育》 | 张文质 | 30.00 |
| 教学提升系列 | 6 | 《方法总比问题多——名师转变棘手学生的施教艺术》 | 杨志军 | 30.00 |
| | 7 | 《用特色吸引学生——名师最受欢迎的特色教学艺术》 | 卞金祥 | 30.00 |
| | 8 | 《让学生爱上课堂——名师高效课堂的引导艺术》 | 邓　涛 | 30.00 |
| | 9 | 《拿什么打开思路——名师最吸引学生的课堂切入点》 | 马友文 | 30.00 |
| | 10 | 《没有记不牢的知识<br>——名师最能提升学生记忆效果的秘诀》 | 谢定兰 | 30.00 |
| | 11 | 《让学生的思维活起来<br>——名师最激发潜能的课堂提问艺术》 | 严永金 | 30.00 |
| 教学新突破系列 | 12 | 《把教学目标落实到位——名师优质课堂的效率管理》 | 冯增俊 | 30.00 |
| | 13 | 《拿什么调动学生——名师生态课堂的情绪管理》 | 胡　涛 | 30.00 |
| | 14 | 《零距离施教——名师和谐师生关系的构建艺术》 | 贺　斌 | 30.00 |
| | 15 | 《一个都不能落——名师提升学困生的针对教学》 | 侯一波 | 30.00 |
| | 16 | 《让学习变得更轻松<br>——名师最能吸引学生的情境设计》 | 施建平 | 30.00 |
| | 17 | 《让知识变得更易学<br>——名师改造难学知识的优化艺术》 | 周维强 | 30.00 |
| 通用识书 | 18 | 《好心态成就好学生——学生心理问题剖析与对症教育》 | 李韦遴 | 30.00 |
| | 19 | 《教育,诗意地栖居》 | 朱华忠 | 30.00 |
| | 20 | 《好班规打造好班级》 | 赵　凯 | 30.00 |

| 系列 | 序号 | 书　　　名 | 主编 | 定价 |
|---|---|---|---|---|
| 高中新课程系列 | 21 | 《高中新课程：教师角色转变细节》 | 缪水娟 | 30.00 |
| | 22 | 《高中新课程：班主任新兵法细节》 | 李国汉 杨连山 | 30.00 |
| | 23 | 《高中新课程：教学管理创新细节》 | 陈文 | 30.00 |
| | 24 | 《高中新课程：更有效的评价细节》 | 李淑华 | 30.00 |
| 教师成长系列 | 25 | 《学学名师那些事》 | 孙志毅 | 30.00 |
| | 26 | 《每天学点教育心理学》 | 石国兴 白晋荣 | 30.00 |
| | 27 | 《给新教师的建议》 | 李镇西 | 30.00 |
| | 28 | 《教师心灵读本：成为有思想的教师》 | 肖川 | 30.00 |
| | 29 | 《教师心灵读本：教师，做反思的实践者》 | 肖川 | 30.00 |
| 大师讲坛系列 | 30 | 《大师谈教育心理》 | 肖川 | 30.00 |
| | 31 | 《大师谈教育激励》 | 肖川 | 30.00 |
| | 32 | 《大师谈教育沟通》 | 王斌兴 吴杰明 | 30.00 |
| | 33 | 《大师谈启蒙教育》 | 周宏 | 30.00 |
| | 34 | 《大师谈教育管理》 | 樊雁 | 30.00 |
| | 35 | 《大师谈儿童人格塑造》 | 齐欣 | 30.00 |
| | 36 | 《大师谈儿童习惯培养》 | 唐西胜 | 30.00 |
| | 37 | 《大师谈儿童能力培养》 | 张启福 | 30.00 |
| | 38 | 《大师谈早恋与性教育》 | 闵乐夫 | 30.00 |
| | 39 | 《大师谈儿童情感教育》 | 张光林 张静 | 30.00 |
| 教育细节系列 | 40 | 《名师最具渲染力的口才细节》 | 高万祥 | 30.00 |
| | 41 | 《名师最有效的沟通细节》 | 李燕 徐波 | 30.00 |
| | 42 | 《名师最有效的激励细节》 | 张利 李波 | 30.00 |
| | 43 | 《名师培养学生好习惯的高效细节》 | 李文娟 郭香萍 | 30.00 |
| | 44 | 《名师人格教育的经典细节》 | 齐欣 | 30.00 |
| | 45 | 《名师营造课堂氛围的经典细节》 | 高帆 李秀华 | 30.00 |
| | 46 | 《名师最有效的赏识教育细节》 | 李慧军 | 30.00 |
| | 47 | 《名师最有效的批评细节》 | 沈旎 | 30.00 |